Teología social

O selo DIALÓGICA da Editora InterSaberes faz referência às publicações que privilegiam uma linguagem na qual o autor dialoga com o leitor por meio de recursos textuais e visuais, o que torna o conteúdo muito mais dinâmico. São livros que criam um ambiente de interação com o leitor – seu universo cultural, social e de elaboração de conhecimentos –, possibilitando um real processo de interlocução para que a comunicação se efetive.

Lucineyde Amaral Picelli Pezzini

Teologia social

Rua Clara Vendramin, 58 . Mossunguê CEP
81200-170 . Curitiba . PR . Brasil
Fone: (41) 2106-4170
www.intersaberes.com
editora@editoraintersaberes.com.br

Conselho editorial
Dr. Ivo José Both (presidente)
Dr.ª Elena Godoy
Dr. Neri dos Santos
Dr. Ulf Gregor Baranow

Editora-chefe
Lindsay Azambuja

Supervisora editorial
Ariadne Nunes Wenger

Analista editorial
Ariel Martins

Capa e projeto gráfico
Charles L. da Silva

Diagramação
LAB Prodigital

Iconografia
Vanessa Plugiti Pereira

Dados Internacionais de Catalogação na Publicação (CIP)
(Câmara Brasileira do Livro, SP, Brasil)

Pezzini, Lucineyde Amaral Picelli
   Teologia social/Lucineyde Amaral Picelli Pezzini.
Curitiba: InterSaberes, 2016. (Série Conhecimentos em Teologia)

   Bibliografia.
   ISBN 978-85-443-0330-6

   1. Igreja e problemas sociais 2. Teologia social I. Título.
II. Série.

15-10091   CDD-261

Índices para catálogo sistemático:
1. Teologia social 261

1ª edição, 2016.
Foi feito o depósito legal.

Informamos que é de inteira responsabilidade
da autora a emissão de conceitos.
Nenhuma parte desta publicação poderá ser
reproduzida por qualquer meio ou forma sem a prévia
autorização da Editora InterSaberes.
A violação dos direitos autorais é crime estabelecido na
Lei n. 9.610/1998 e punido pelo art. 184 do Código Penal.

sumário

7   *apresentação*

capítulo um
11   **Projetos de ação social**
13   1.1 Ação social, assistência social e serviço social
21   1.2 Execução de projetos sociais na Igreja e na comunidade

capítulo dois
25   **Diaconia e ação social**
27   2.1 Diaconia e ação social de auxílio ao próximo

capítulo três
35   **Diaconia: pressupostos bíblico-teológicos, históricos e práticos**
37   3.1 Aspectos bíblico-teológicos e históricos da diaconia
40   3.2 Aspectos práticos da diaconia

capítulo quatro
43   **A importância do trabalho de desenvolvimento comunitário**
45   4.1 A missão da Igreja e o trabalho comunitário
50   4.2 Identificando as necessidades da comunidade

capítulo cinco
57   **Metodologia para a elaboração de projetos comunitários**
59   5.1 Elementos que compõem a elaboração de projetos

capítulo seis
65   **Capelania: algumas possibilidades**
67   6.1 Projetos em instituições educacionais
69   6.2 Projetos em instituições de saúde

capítulo sete
79   **Implantação de espaços de atendimento a dependentes químicos**
81   7.1 Dependência química
83   7.2 Diferentes modalidades de atendimento em dependência química
88   7.3 Documentação necessária para o trabalho com dependência química
100   7.4 Comunidade terapêutica e dependência química
101   7.5 Princípios para a eficácia do tratamento
103   7.6 Cuidados pastorais no processo de recuperação de dependentes químicos

113   *considerações finais*
115   *referências*
129   *anexo*
131   *respostas*
135   *sobre a autora*

apresentação

Caro leitor, em suas mãos você tem uma oportunidade ímpar: refletir sobre a diaconia e as possibilidades de servir ao Reino de Deus, fundamentadas pela Palavra. Neste volume, intitulado *Teologia social*, apresentamos alguns conceitos acerca das atividades assistenciais e da diaconia, refletindo sobre a teoria por meio de exemplos práticos de projetos de ação social.

Conhecendo os fundamentos teóricos que vamos apresentar, você poderá fazer um breve exercício teórico de planejamento e implementação de projetos para serem oferecidos às comunidades e, posteriormente, muitos exercícios práticos, se assim Deus permitir. Com este livro, queremos desafiá-lo a quebrar barreiras, internas e externas, com o objetivo primordial de atender àqueles que estão vivendo em situação de vulnerabilidade ou risco pessoal, social e, por que não dizer, espiritual, além de provocar um exercício de reflexão pessoal e ministerial.

A obra está estruturada em sete capítulos. No Capítulo 1, destacamos alguns conceitos fundamentais relacionados a ações do líder pastoral em sua comunidade, que ajudam a esclarecer a diferença entre alguns termos e a demarcar o papel de cada segmento que atende a pessoas desfavorecidas economicamente.

No Capítulo 2, tratamos da diaconia, principalmente no que se refere ao auxílio dedicado ao próximo, analisando a definição desse termo, as linhas de atuação da diaconia e sua relação com a ação social cristã.

No Capítulo 3, apresentamos os aspectos bíblico-teológicos e históricos e também os aspectos práticos associados à diaconia.

No Capítulo 4, mostramos a importância do trabalho de desenvolvimento comunitário e a missão da Igreja nesse tipo de ação. Tratamos também do exercício prático, apresentando o levantamento das informações necessárias para a realização de um projeto social, as técnicas usadas para efetuar esse levantamento e a importância da análise das informações coletadas.

No Capítulo 5, também trabalhamos a parte prática, descrevendo a metodologia para a elaboração de projetos comunitários e os elementos envolvidos nessa tarefa.

No Capítulo 6, descrevemos as duas possibilidades de atuação da capelania – em instituições educacionais e de saúde –, destacando suas ações e estimulando os conhecimentos da capelania.

Por fim, reservamos para o Capítulo 7 o tão importante, atual e polêmico assunto da dependência química e suas possibilidades de tratamento. Preocupados com a atual crise que vivemos, principalmente com o aumento do uso e abuso de substâncias psicoativas e com o desenvolvimento da doença da dependência química, apresentamos algumas considerações imprescindíveis para o alcance da recuperação e encorajamos a liderança pastoral a participar urgentemente desse processo, que tem ceifado muitas vidas e causado uma profunda tristeza a algumas famílias e à sociedade em geral.

Bom estudo!

capítulo um
Projetos de ação social[1]

---

[1] Todas as passagens bíblicas indicadas neste capítulo são citações de Bíblia (2015).

Não diga ao seu próximo:
"Volte amanhã, e eu darei algo a você",
se pode ajudá-lo hoje.
Provérbios, 3: 40

Apresentamos neste capítulo alguns conceitos importantes para impulsionar ações dos líderes pastorais em projetos sociais em suas comunidades. Com isso, pretendemos esclarecer as diferenças entre alguns termos centrais, bem como demarcar o que cabe a cada segmento na execução de ações que atendam às pessoas desfavorecidas economicamente, com a intenção de superar os problemas enfrentados por elas.

1.1 Ação social, assistência social e serviço social

Há três termos que são constantemente confundidos, às vezes usados como sinônimos: *ação social, assistência social* e *serviço social*. São conceitos com definições específicas, relacionados a áreas de atuação bem delimitadas e que devem ser explicitados para início de conversa, antes de partirmos para o planejamento e a execução de projetos no âmbito da ação social. Uma ilustração muito simples e antiga, cujo autor é desconhecido, pode ser usada para demarcar as áreas de atuação relativas a cada um: **assistência social** é dar um peixe a alguém, **serviço social** é ensiná-lo a pescar e **ação social** é despoluir o rio para que nunca faltem peixes para a pescaria. A Igreja é convocada para participar de projetos de assistência social (em parceria com o Estado e com ações específicas) e de ação social, uma vez que ações de serviço social, próprias da prática do profissional de assistência social, exigem uma formação acadêmica adquirida em graduação específica.

1.1.1 Ação social de auxílio ao próximo

Segundo o dicionário *on-line Michaelis* (Social, 2015, grifo do original), por *social* compreende-se "Pertencente ou relativo à sociedade. [...] Relativo ou pertencente à sociedade humana considerada como entidade dividida em classes graduadas, segundo a posição na escala convencional: ***Posição social, condição social, classe social***".

Dentre as definições do dicionário, uma nos convida a refletir sobre a ação da Igreja no âmbito social: "Relativo ou pertencente às manifestações provenientes das relações entre os seres humanos, inclusive aquelas que constituem o campo específico da Sociologia:

Problemas sociais" (Social, 2015, grifo do original). Essa definição enfatiza as relações entre os seres humanos e os problemas sociais, foco da atuação pastoral.

Nesse sentido, a contribuição da Igreja, no decorrer da história, tem sido valiosa, sob muitos aspectos. Ao conhecermos a história da Igreja, podemos aferir suas origens, raízes e identidade, convicções, práticas e atividades, revelando suas ações sociais ao longo dos séculos. Segundo Matos (2005, p. 8), a Igreja tem se comportado ora positiva, ora negativamente diante dos desafios que lhe são apresentados, o que pode servir "de inspiração ou advertência para os cristãos atuais em suas próprias experiências" ou escolhas.

Uma ação social eficiente, consistente e duradoura pode ser a marca da presença de Jesus em uma igreja, além de todas as ações as quais a denominação se propõe a realizar em sua missão e visão. Na atuação de líder ou pastor, é importante escolher pessoas do "rebanho" que se identifiquem com a ação social e tenham aptidões específicas para o trabalho nessa área, com a finalidade de desenvolver projetos eficazes sob sua liderança. Analisando a história da Igreja, vemos uma presença mais forte da ação social em outras épocas do que agora, talvez porque a ênfase no conceito de que não somos salvos pelas obras tenha arrefecido um pouco a prática. Felizmente muitas igrejas não usaram essa pedra para fundamentar seus trabalhos e têm dedicado tempo e pessoas para cuidar de outras que necessitam de apoio espiritual.

Segundo Kilpp (2008), a comunidade cristã é marcada, desde os primórdios, pelo abnegado trabalho voluntário de seus membros, que participam ativamente das práticas de ajuda ao próximo e da efetiva assistência aos que necessitam de apoio para superar as dificuldades (momentâneas ou instaladas). O cristianismo, cujo modelo é o próprio Jesus e Seu ministério, tem sido fonte inspirador para essas práticas antigas, pois, além de consideráveis ofertas financeiras, como algumas que mantêm creches, orfanatos, espaços para a terceira idade etc., tem despendido tempo para atender às demandas das comunidades. Segundo o autor, com o trabalho voluntário surgiram ordens religiosas, como a dos franciscanos. O trabalho diaconal voluntário contribuiu para o surgimento de muitas instituições com atuação no âmbito social, como orfanatos, hospitais, escolas e o exército da Salvação, além de atuar na realização de visitas e atendimentos a presidiários e no tratamento da dependência química, por meio de importantes instituições e contribuições, inclusive literárias. No Brasil, a comunidade do Pe. Haroldo Rahm, bem como outras, administradas por cristãos evangélicos (batistas, presbiterianas, metodistas...), têm se destacado na recuperação de dependentes químicos.

Apesar de a sociedade contemporânea enfatizar o egoísmo e o egocentrismo, como cristãos estamos sendo convocados a mudar essa realidade, ou seja, a nos envolvermos com a assistência ao próximo ou com uma ação social como prova de que a piedade, o amor, a compaixão e a adoração a Deus estão sendo colocados em prática, e não apenas relegados aos devocionais diários.

O pastor Manfred Grellert denomina essa atitude de *verticalismo*, o qual desemboca em compromissos horizontais, ou seja, "quando há compromisso verdadeiro com Deus gera-se um compromisso com o próximo" (IPMÉIER, 2015).

A ação social, quando bem praticada, com critérios de ajuda imediata, pode ser o passaporte que algumas pessoas excluídas precisam para experimentar o amor de Deus concretamente.

1.1.2 O que é assistência social?

Segundo a Secretaria de Estado de Desenvolvimento Humano e Social (Brasil, 2015b) do atual governo,

A Assistência Social é uma política pública, direito do cidadão que dela necessitar e um dever do Estado. É uma política social que integra a seguridade social brasileira, de caráter não contributivo. Por meio das ações da Assistência Social é possível garantir o acesso a recursos mínimos e provimento de condições para atender contingências sociais e promover a universalização dos direitos sociais. A Política de Assistência Social tem como fundamento legal a Constituição Federal Brasileira (1988), a Lei Orgânica da Assistência Social (1993), além de normas, portarias, decretos, entre outros dispositivos.

De acordo com a Lei Orgânica da Assitência Social (Loas) – Lei n. 8.742, de 7 de dezembro de 1993 (Brasil, 1993),

> Art. 1º A assistência social, direito do cidadão e dever do Estado, é Política de Seguridade Social não contributiva, que provê os mínimos sociais, realizada através de um conjunto integrado de iniciativa pública e da sociedade, para garantir o atendimento às necessidades básicas.

É importante frisar que a Constituição Federal de 1988 trouxe uma nova concepção para a assistência social brasileira. Ao incluí-la no âmbito da seguridade social, regulamentada pela Loas estabece-a como um direito dos cidadãos, garantindo a universalização dos acessos e atribuindo responsabilidades ao Estado, como no caso da saúde e da previdência social.

Proteção social, nas palavras de Di Giovanni (citado por Costa; Ferreira, 2013, p. 230), são formas institucionalizadas que as sociedades constituem para proteger parte ou o conjunto de seus membros. Tais sistemas decorrem de

> certas vicissitudes da vida natural ou social, tais como a velhice, a doença, o infortúnio, as privações. Incluo neste conceito, também as formas seletivas de distribuição e redistribuição de bens materiais (como a comida

e o dinheiro), quanto de bens culturais (como os saberes), que permitirão a sobrevivência e a integração, sob várias formas, na vida social.

Em suma, a proteção social deve oferecer acesso à segurança de sobrevivência (de rendimento e de autonomia), de acolhida, de convívio ou vivência familiar. Conforme o documento da Política Nacional de Assistência Social (Brasil, 2005, p. 32), a assistência social deve ser regida pelos seguintes princípios democráticos:

I. *Supremacia do atendimento às necessidades sociais sobre as exigências de rentabilidade econômica;*

II. *Universalização dos direitos sociais, a fim de tornar o destinatário da ação assistencial alcançável pelas demais políticas públicas;*

III. *Respeito à dignidade do cidadão, à sua autonomia e ao seu direito a benefícios e serviços de qualidade, bem como à convivência familiar e comunitária, vedando-se qualquer comprovação vexatória de necessidade;*

IV. *Igualdade de direitos no acesso ao atendimento, sem discriminação de qualquer natureza, garantindo-se equivalência às populações urbanas e rurais;*

V. *Divulgação ampla dos benefícios, serviços, programas e projetos assistenciais, bem como dos recursos oferecidos pelo Poder Público e dos critérios para sua concessão.*

O público usuário da Política Nacional de Assistência Social é composto por

cidadãos e grupos que se encontram em situações de vulnerabilidade e riscos, tais como: famílias e indivíduos com perda ou fragilidade de vínculos de afetividade, pertencimento e sociabilidade; ciclos de vida; identidades estigmatizadas em termos étnico, cultural e sexual; desvantagem pessoal resultante de deficiências; exclusão pela pobreza e, ou, no acesso às demais políticas públicas; uso de substâncias psicoativas; diferentes formas de violência advinda do núcleo familiar, grupos e indivíduos; inserção precária ou não inserção no mercado de trabalho formal e informal; estratégias e alternativas diferenciadas de sobrevivência que podem representar risco pessoal e social. (Brasil, 2005, p. 33)

Acrescentemos que são considerados serviços de proteção básica de assistência social

aqueles que potencializam a família como unidade de referência, fortalecendo seus vínculos internos e externos de solidariedade, através do protagonismo de seus membros e da oferta de um conjunto de serviços locais que visam a convivência, a socialização e o acolhimento, em famílias cujos vínculos familiar e comunitário não foram rompidos, bem como a promoção da integração ao mercado de trabalho. (Brasil, 2005, p. 36)

Para a execução da Política Nacional de Assistência Social, são previstos os Centros de Referência da Assistência Social (Cras) e os serviços de proteção básica. A previsão de atendimento do Cras, uma unidade pública estatal de base territorial, é de até mil famílias/ano e devem ser consideradas as seguintes orientações:

a equipe do CRAS deve prestar informação e orientação para a população de sua área de abrangência, bem como se articular com a rede de proteção social local no que se refere aos direitos de cidadania, mantendo ativo um serviço de vigilância da exclusão social na produção, sistematização e divulgação de indicadores da área de abrangência do CRAS, em conexão com outros territórios. (Brasil, 2005, p. 35)

Além disso, o Cras deve fazer o mapeamento e a organização da rede socioassistencial de proteção básica e promover a inserção das famílias nos serviços de assistência social local, bem como encaminhar a população local para o atendimento pelas demais políticas públicas e sociais, possibilitando o desenvolvimento de ações intersetoriais que visem à sustentabilidade.

A Política Nacional de Assistência Social prevê, além da proteção social básica, algumas ações de proteção social especial:

Proteção social especial de média complexidade
São considerados serviços de média complexidade aqueles que oferecem atendimentos às famílias e indivíduos com seus direitos violados, mas cujos vínculos familiar e comunitário não foram rompidos. [...]

- *Serviço de orientação e apoio sociofamiliar.*
- *Plantão Social.*
- *Abordagem de Rua.*
- *Cuidado no Domicílio.*
- *Serviço de Habilitação e Reabilitação na comunidade das pessoas com deficiência.*
- *Medidas socioeducativas em meio-aberto (Prestação de Serviços à Comunidade – PSC e Liberdade Assistida – LA).*

A proteção especial de média complexidade envolve também o Centro de Referência Especializado da Assistência Social, visando a orientação e o convívio sociofamiliar e comunitário. Difere-se da proteção básica por se tratar de um atendimento dirigido às situações de violação de direitos.

[Proteção social especial de alta complexidade]
Os serviços de proteção social especial de alta complexidade são aqueles que garantem proteção integral – moradia, alimentação, higienização e trabalho protegido para famílias e indivíduos que se encontram sem referência e, ou, em situação de ameaça, necessitando ser retirados de seu núcleo familiar e, ou, comunitário. Tais como:

- *Atendimento Integral Institucional.*
- *Casa Lar.*
- *República.*
- *Casa de Passagem.*

- *Albergue.*
- *Família Substituta.*
- *Família Acolhedora.*
- *Medidas socioeducativas restritivas e privativas de liberdade (semiliberdade, internação provisória e sentenciada).*
- *Trabalho protegido.* (Brasil, 2005, p. 38)

À Igreja, em parcerias inclusive com o Estado, que já realiza ações sociais e assistência social, cabe a missão de realizar projetos que atendam aos mais desprovidos de recursos e, assim, abrir também um espaço de evangelismo, levando o conforto físico, emocional e principalmente espiritual a essas pessoas. Alguns projetos sociais que podem ser desenvolvidos pela Igreja:

- trabalhos com as diversas faixas etárias: crianças, adolescentes, jovens, adultos e idosos, atendendo às peculiaridades de cada fase;
- atenção aos encarcerados;
- trabalho com pessoas envolvidas com a prostituição;
- visitação e atendimento a enfermos e familiares;
- projetos para pessoas com deficiência;
- atendimento a dependentes químicos e suas famílias, com encaminhamentos, orientações e alerta sobre os riscos;
- famílias em situação de risco, por diversos motivos;
- atenção ao desemprego por meio da promoção de cursos que desenvolvam as pessoas;
- distribuição de cestas básicas para algumas pessoas ou famílias, com base em critérios rigorosos para não criar dependência do objeto dessa doação, que deve ser entendida como ajuda momentânea;
- fortalecimento da rede de apoio às pessoas necessitadas;
- ações em saúde básica, desde ensino até expressão de cuidados.

1.2 Execução de projetos sociais na Igreja e na comunidade

A situação caótica em que muitos seres humanos vivem na atualidade é perceptível: fome, desemprego, falências, doenças psicossomáticas, relacionamentos interrompidos, valores invertidos, abortos, uso e abuso de álcool e drogas, falta de valores e princípios etc. A crise é geral e a Igreja está sendo, mais uma vez, convocada a realizar projetos de ação social, buscando atender às necessidades imediatas dos seres humanos. O que essa ação enfatiza na maioria dos casos nos dias de hoje? Pensar em projetos de longo prazo que ensinam, orientam, promovem o ser humano é imprescindível, mas "matar a fome da hora" é necessário em algumas situações. E para isso fomos convocados. É preciso identificar uma e outra causa na qual devemos, como Igreja, nos envolver (violências, desigualdades sociais, desrespeito aos direitos humanos, desemprego etc.). Nas palavras do Pr. Veloso (OPBB, 2015), a Igreja pode atuar nos seguintes âmbitos:

- *Despertar o povo para o compromisso;*
- *Favorecer a criação de uma consciência política;*
- *Dar apoio às organizações já existentes;*
- *Ajudar a formar novas organizações populares;*
- *Contribuir para a educação política, afim de que [sic] o cristão exerça com responsabilidade a sua cidadania política e assuma a direção de postos chaves na sociedade;*
- *Denunciar as violações dos direitos humanos, alertando contra novos mecanismos discriminatórios;*
- *Aprender a fazer análise da realidade;*
- *Conhecer as propostas e práticas dos candidatos;*
- *Adquirir consciência crítica frente a realidade política;*

Projetos de ação social

- Nutrir o espírito do poder servir;
- Desenvolver a metodologia da participação e o senso de independência;
- Desenvolver a coragem da denúncia profética;
- Fortalecer o amor aos simples.

E, para que tal participação tenha resultados efetivos, o Pe. Veloso (OPBB, 2015) recomenda:

- A Igreja não deve chegar à comunidade com a postura de dona da verdade, mas com a disposição de trocar conhecimentos e experiências.
- A Igreja deve se propor a ser parceira da comunidade na caminhada que juntas pretendem trilhar.
- A Comunidade deve participar ativamente de todo o processo de tomada das primeiras decisões, de planejamento, de execução, de acompanhamento dos resultados e de avaliação.
- O ponto de partida deve ser sempre a necessidade da comunidade aferida por meio de pesquisa, e não uma "bela ideia" dos membros da Igreja.

Atividades de aprendizagem

Questões para reflexão

1. Analise o texto bíblico a seguir e liste projetos que a Igreja pode desenvolver para cumprir o que a Palavra de Deus nos diz.

   Então dirá o Rei aos que estiverem à sua direita: Vinde, benditos de meu Pai, possuí por herança o reino que vos está preparado desde a fundação do mundo; Porque tive fome, e destes-me de comer; tive sede, e destes-me de beber; era estrangeiro, e hospedastes-me; Estava nu, e vestistes-me;

adoeci, e visitastes-me; estive na prisão, e foste me ver. Então os justos lhe responderão, dizendo: Senhor, quando te vimos com fome, e te demos de comer? ou com sede, e te demos de beber? E quando te vimos estrangeiro, e te hospedamos? ou nu, e te vestimos? E quando te vimos enfermo, ou na prisão, e fomos ver-te? E, respondendo o Rei, lhes dirá: Em verdade vos digo que quando o fizestes a um destes meus pequeninos irmãos, a mim o fizestes. Então dirá também aos que estiverem à sua esquerda: Apartai-vos de mim, malditos, para o fogo eterno, preparado para o diabo e seus anjos; Porque tive fome, e não me destes de comer; tive sede, e não me destes de beber; Sendo estrangeiro, não me recolhestes; estando nu, não me vestistes; e enfermo, e na prisão, não me visitastes. Então eles também lhe responderão, dizendo: Senhor, quando te vimos com fome, ou com sede, ou estrangeiro, ou nu, ou enfermo, ou na prisão, e não te servimos? Então lhes responderá, dizendo: Em verdade vos digo que, quando a um destes pequeninos o não fizestes, não o fizestes a mim. E irão estes para o tormento eterno, mas os justos para a vida eterna.
(Mateus, 25: 34-46)

2. Como vimos, conforme a Política Nacional de Assistência Social PNAS,

São considerados serviços de proteção básica de assistência social aqueles que potencializam a família como unidade de referência, fortalecendo seus vínculos internos e externos de solidariedade, através do protagonismo de seus membros e da oferta de um conjunto de serviços locais que visam a convivência, a socialização e o acolhimento, em famílias cujos vínculos familiar e comunitário não foram rompidos, bem como a promoção da integração ao mercado de trabalho. (Brasil, 2005, p. 36)

Como a Igreja pode se unir ao Estado no fortalecimento da família, segundo bases bíblicas?

capítulo dois
Diaconia e ação social[1]

---

1 Todas as passagens bíblicas indicadas neste capítulo são citações de Bíblia (2015).

Se um cair, o amigo pode ajudá-lo a levantar-se. Mas pobre do homem que cai e não tem quem ajude a levantar-se!

Eclesiastes, 4: 10

Neste capítulo, apresentamos alguns fundamentos da atuação diaconal, principalmente no que se refere ao auxílio dedicado ao próximo, entre outras possibilidades de viver na prática o Evangelho deixado pelo Mestre dos mestres, Jesus. As ações cristãs são essenciais para o desenvolvimento de líderes diaconais que pretendem alcançar êxito na função, porém é preciso também atentar ao cumprimento de atividades administrativas e burocráticas, destacadas neste capítulo, pois elas contribuem para a organização da Igreja.

2.1 Diaconia e ação social de auxílio ao próximo

Uma das funções da diaconia é a atuação em projetos sociais, corroborando o processo de ensinar os membros da Igreja a servir. Não é possível dissociar a palavra *diácono* da prestação de serviços com excelência aos que necessitam. Apresentamos nesta seção alguns fundamentos bíblicos que confirmam tal afirmação.

2.1.1 O que é diaconia?

Diaconia é um termo cristão que significa "serviço ao próximo", "servir à mesa". Outros termos derivados do grego também significam "servir"; como a palavra *doulevo,* que significa "serviço escravo", e *therapeuo*, que siginifica "serviço voluntariado". Porém, o vocábulo *diakoneo* suplanta todos, pois se trata de um serviço feito por e com amor, sem constrangimento e em harmonia com o ensinamento de Cristo. Transliterado, resulta na palavra *diaconia*, da qual deriva o termo *diácono*, grau de sacerdócio no qual o eleito faz o serviço da mesa. *Doulos* (servo, escravo), uma palavra grega, também está relacionado à diaconia.

Na Bíblia, encontramos como característica singular das comunidades cristãs a vivência solidária, que testificava a fé em Cristo (Atos, 2: 44-45; Atos, 4: 32-35). Quando nos lembramos da graça e da alegria por tudo o que Deus tem feito por nós, abençoando-nos em nossa vida, sentimo-nos à vontade para viver e, por que não dizer, **expressar a diaconia**.

Esse ministério, formado em sua maior parte por leigos ou por aqueles formados em cursos livres e/ou acadêmicos de Teologia, aos moldes bíblicos se dispõe ao serviço de oferecer suporte material,

Diaconia e ação social

emocional e espiritual à igreja local. Geralmente, os diáconos são escolhidos com base em boa reputação moral e espiritual e cumprem o trabalho ao lado do pastor.

O apóstolo Paulo (Romanos, 12: 15) nos exorta a nos alegrarmos com os que se alegram e a chorarmos com os que choram, pois nisso está contido o princípio de que "se um membro sofre, todos sofrem com ele" (I Coríntios, 12: 26). O fundamento dessa prática solidária reside no ensinamento e na prática de Jesus Cristo, que nos ensina que o amor a Deus é possível se esse amor se desdobra ao próximo (I João, 4: 20).

A Bíblia refere-se aos diáconos como:

- servos domésticos (Jó, 2: 5-9) e governantes (Romanos, 13: 4);
- servos de Cristo e da Igreja;
- discípulos de Jesus (Mateus, 23: 11), segundo o próprio Jesus;
- evangelistas ou pregadores da Palavra (I Coríntios, 3: 5; Efésios, 6: 21);
- homens e mulheres que servem a Deus (Lucas, 10: 40; Romanos, 16: 1).

Em suma, todos os cristãos necessitam servir uns aos outros (I Pedro, 4: 10).

A diaconia, por suas características peculiares, pode facilmente ser associada a outro vocábulo – *cuidado. Cuidar*, do latim *cogitare*, significa "julgar", "supor", "fazer os preparativos", "tratar". Cuidar implica comprometer-se com o outro, manter-se à disposição sem ser invasivo, estar presente, acolher, conter. O cuidar é uma ação de ajuda que prevê a promoção do bem-estar e do conforto do outro, uma ação que requer aprendizado e que resulta em um intenso processo de interação entre as pessoas para a construção de vínculos.

Diaconia e *missão* também são palavras indissociáveis e nos desafiam a colocar em prática uma das máximas do cristianismo:

"Ide por todo o mundo, pregai o evangelho a toda criatura" (Bíblia. Marcos, 2015, 16: 15). Por sua morte na cruz, Cristo assume a sua missão e sofre todo o poder de morte do mundo para, então, superá-la.

Agir diaconalmente é abraçar sua missão, sendo motivado pela fé em Cristo Jesus. Agir diaconalmente não é apenas servir no contexto da Igreja, pois em nosso cotidiano temos muitas formas de servir: estender a mão a um amigo, atender a um vizinho desconhecido, oferecer o "ombro amigo" para ouvir alguém que sofre, praticar uma ação solidária com qualquer pessoa. Tudo isso também é considerado diaconia, pois são ações imprescindíveis para o outro sem esperar nada em troca e, principalmente, sem o objetivo de satisfazer vaidades pessoais, mas com o fim de amenizar as agruras sociais das pessoas e das famílias.

Na Bíblia, encontramos a melhor definição da palavra *diácono*, mesmo que em um sentido específico, na qual é apresentada uma lista de características imperativas de alguns servos diferenciados, escolhidos na igreja. Paulo refere-se a um grupo seleto de pessoas e não a todos os cristãos no sentido universal. Veja as qualificações desses servos:

> *Semelhantemente, quanto a diáconos, é necessário que sejam respeitáveis, de uma só palavra, não inclinados a muito vinho, não cobiçosos de sórdida ganância, conservando o mistério da fé com a consciência limpa. Também sejam estes primeiramente experimentados; e, se se mostrarem irrepreensíveis, exerçam o diaconato. Da mesma sorte, quanto a mulheres, é necessário que sejam elas respeitáveis, não maldizentes, temperantes e fiéis em tudo. O diácono seja marido de uma só mulher e governe bem seus filhos e a própria casa. Pois os que desempenharem bem o diaconato alcançam para si mesmos justa preeminência e muita intrepidez na fé em Cristo Jesus. (I Timóteo, 3: 8-13)*

O autor Kjell Nordstokke (2005, p. 272) não restringe a compreensão dessa palavra apenas à ação de servir, mas abrange todas as possibilidades implicadas nela, assim como está na Palavra:

> No Novo Testamento grego, a raiz diakon, encontra-se em forma do verbo diakonein (37 vezes) e dos substantivos diakonia (34 vezes) e diakonos (30 vezes). O verbo significa "servir" no sentido mais amplo (Lc, 17: 8; Jo, 12:12). No livro de Atos (6: 1) fala-se da "diaconia diária" na comunidade de Jerusalém [...].

2.1.2 Linhas de atuação em diaconia

Para Nordstokke, citado por Astore (2010, p. 29), existem pelo menos três linhas de atuação em diaconia:

- **Diaconia como ação social da Igreja partindo de sua motivação cristã** – Essa compreensão sustentou o movimento diaconal da Alemanha no século XIX e ainda tem matizes fundamentais na atual prática. Aqui a diaconia acaba por ficar restrita à área da teologia prática em detrimento da ética social e da responsabilidade sociopolítica da Igreja, o que incide eventualmente também sobre a poimênica. Ela pode ser apresentada como uma responsabilidade coletiva ou individual, como expressão da obediência da fé. Na tradição pietista, a conversão conduz à ação desse tipo.
- **Diaconia como forma específica do ministério da Igreja** – Isso ocorre geralmente com a implementação de uma pessoa capacitada para determinada área do trabalho comunitário.
- **Diaconia como princípio fundamental da Igreja** – A compreensão a respeito da diaconia nessa perspectiva reflete as implicações sistemático-teológicas como uma dimensão essencial da própria natureza da Igreja. A essa fundamentação eclesiológica

se aliam ainda a cristológica e a escatológica. Nesse esquema, a diaconia é vista como um exercício interdisciplinar, pois, além de seu desdobramento na área sistemático-histórica, existem também as elaborações das ciências bíblicas (fundamentos, exemplos, imagens e práticas do Antigo e do Novo Testamento).

2.1.3 Diaconia e ação social cristã

A ação social voltada ao auxílio ao próximo pode ser definida, para além do que foi apresentado no primeiro capítulo, conforme o entendimento de Matos (2015):

> *toda atividade de cristãos individuais ou da igreja coletivamente no sentido de suprir necessidades materiais das pessoas, aliviar o sofrimento humano, atenuar ou eliminar males sociais que afligem indivíduos, famílias, comunidades e até mesmo a sociedade como um todo. Essa ação social é especificamente cristã, pois responde a motivações e princípios diretamente relacionados com as Escrituras e com o evangelho de Cristo.*

Ainda segundo Matos (2015), um dos objetivos dessa ação é "proporcionar às pessoas e comunidades condições de vida mais condignas, o suprimento básico das carências humanas fundamentais no plano material (moradia, alimentação, saúde, educação, trabalho)".

Muitas são as possibilidades de ação social a serem realizadas pela Igreja, desde o atendimento de necessidades emergentes até projetos de longo prazo, como educação em vários âmbitos e busca de possibilidades de capacitação profissional e oportunidades de trabalho, visando à transformação da realidade. A atuação com os órgãos competentes do Estado deve ser conciliada sempre que possível para alcançar resultados eficazes e duradouros. Portanto, à Igreja não cabe apenas a prática de atividades "espirituais" ou religiosas, mas também o envolvimento com aspectos do dia a dia com vistas à transformação global da realidade familiar ou comunitária que se propôs assistir.

Desde o Antigo Testamento, podemos perceber intensa participação do povo de Deus nas ações sociais, até como reflexo do próprio Deus, que é justo e misericordioso. Nas palavras de Matos (2015):

> *Israel é continuamente exortado a praticar a justiça e a misericórdia, como na conhecida passagem de Miqueias 6.8 (ver também Jr 22.3; Os 6.6). Outra motivação inculcada é o amor ao próximo (Lv 19.18). Deus demonstra um interesse especial pelos elementos mais frágeis e vulneráveis da sociedade, tais como o órfão, a viúva, o pobre, o enfermo, o deficiente físico e o estrangeiro (Lv 19.10,13-15). A ética do Antigo Testamento está centrada na generosidade e na solidariedade. Toda a criação e seus recursos pertencem a Deus e devem servir para o sustento de todos, não para que alguns tenham excesso e outros tenham falta do mínimo necessário para a sua subsistência. Os filhos de Deus devem ser bons mordomos das dádivas de Deus, utilizando-as sabiamente e repartindo-as com os outros.*

A mensagem social foi reavivada por Jesus e seus apóstolos, acolhendo também os que não pertenciam à família de Deus (gentios), o que Matos (2015) entende como revelação da intenção mais profunda de Jesus, com base no texto bíblico:

> *Não cuideis que vim destruir a lei ou os profetas: não vim ab-rogar, mas cumprir. Porque em verdade vos digo que, até que o céu e a terra passem, nem um jota ou um til jamais passará da lei, sem que tudo seja cumprido. Qualquer, pois, que violar um destes mandamentos, por menor que seja, e assim ensinar aos homens, será chamado o menor no reino dos céus; aquele, porém, que os cumprir e ensinar será chamado grande no reino dos céus. Porque vos digo que, se a vossa justiça não exceder*

a dos escribas e fariseus, de modo nenhum entrareis no reino dos céus. (Mateus, 5: 17-20)

O próprio Cristo, por meio da prática da justiça e da misericórdia, apresenta o modelo a ser seguido. Um amor altruísta, o servir sem interesses e até mesmo o sacrifício em função do outro são um testemunho sem igual e servem como exemplo para nós, nesta geração. Os Evangelhos contemplam a temática social, quando enfatizam os sofredores, os excluídos, as mulheres, as crianças, os enfermos etc. por meio de parábolas e muitos eventos do ministério de Jesus.

Portanto, desde os primórdios da história do povo de Deus, houve uma necessidade urgente de organizar atividades de assistência social ao próximo, o que era feito por aqueles denominados pela tradição de *diáconos*, função a princípio exercida pelos homens e na Igreja primitiva pelas viúvas de mais idade, como podemos ver nesta passagem bíblica: "Nunca seja inscrita viúva com menos de sessenta anos, e só a que tenha sido mulher de um só marido; Tendo testemunho de boas obras: Se criou os filhos, se exercitou hospitalidade, se lavou os pés aos santos, se socorreu os aflitos, se praticou toda a boa obra" (I Timóteo, 5: 9-10).

Os primeiros cristãos viviam em condições muito difíceis, em virtude da recém morte e crucificação de Cristo. Por isso restringiam seus socorros aos irmãos da fé. Em alguns lugares, ainda na atualidade, não é uma tarefa fácil desenvolver atividades de cunho assistencial levando o nome de Cristo, mas somos chamados para fazer a diferença.

Nesse sentido, a ação social de auxílio ao próximo conecta-se à diaconia por uma necessidade essencial da Igreja. Cristo não nos convida, Ele nos ordena: "O meu mandamento é este: que vos ameis uns aos outros, assim como eu vos amei". (Jó, 15: 22)

Atividades de aprendizagem

Questões para reflexão

1. Leia o item 2 "Motivação para fazermos o bem", do texto da palestra *Visão bíblica da diaconia*, proferida pelo Pr. Fred Bornschein na Irmandade Evangélica Betânia, e apresente sua compreensão sobre o exemplo de Cristo.
BORNSCHEIN, F. **Visão bíblica da diaconia**. Curitiba: Irmandade das Irmãs Diaconisas Betânia, 2005. Disponível em: <http://antigo.renas.org.br/arquivos/File/Livros/livro_diaconia.pdf>. Acesso em: 12 maio 2015.

2. Jesus viveu em uma sociedade preconceituosa, mas seu ensinamento era contrário aos dogmas religiosos incoerentes e desviantes dos fariseus. Ele se aproximava das pessoas com amor e com a missão de resgatar indivíduos segregados da sociedade: cobradores de impostos, prostitutas, leprosos, samaritanos. Faça uma relação entre as atitudes de Jesus e as atitudes esperadas dos diáconos na atualidade.

capítulo três

Diaconia: pressupostos bíblico-teológicos, históricos e práticos[1]

---

[1] Todas as passagens bíblicas indicadas neste capítulo são citações de Bíblia (2015).

> *E, respondendo o Rei, lhes dirá: Em verdade vos digo que quando o fizestes a um destes meus pequeninos irmãos, a mim o fizestes.*
>
> Mateus, 25: 40

A liderança servidora de Jesus foi incompreensível até para seus discípulos (Marcos, 10: 45). Sua expressão de amor e serviço pode ser comprovada em vários momentos do seu ministério, como ao lavar os pés dos discípulos.

Neste capítulo, refletimos sobre alguns aspectos bíblicos e históricos da diaconia, dessa função primordial para a expressão da fé cristã.

3.1 Aspectos bíblico-teológicos e históricos da diaconia

Uma vida de serviço responde ao chamado de Deus, que nos convoca a sermos instrumentos por meio dos quais seu amor alcança o mundo. Um sólido fundamento teológico para essa missão encontra-se na referência fundamental, o exemplo de serviço realizado pelo próprio Jesus, o ponto de partida de nossa fé cristã. Desde o Antigo Testamento, a diaconia assumiu formas diferentes, mas sempre expressou a mesma identidade e o mesmo objetivo, ou seja, defender a vida dos menos favorecidos, desamparados e/ou oprimidos. Assim, a diaconia é toda preocupação da Igreja em favor das pessoas, em especial das que estão passando por alguma fragilidade (momentânea ou não). A Bíblia é clara quando faz a relação entre o servir a Deus e o servir ao próximo e a finalidade da diaconia nas igrejas, além de se preocupar com questões gerais, como o meio ambiente e o planeta como um todo. As pessoas em seu entorno devem ser percebidas como seres integrais que têm necessidades e carências. O papel das igrejas, no decorrer da história, na figura diaconal, é contribuir para que todo ser humano possa ter uma vida digna por meio das ações coletivas da sociedade e do Estado, porém sem desrespeitar a natureza e toda a criação.

Alguns pressupostos bíblico-teológicos precisam ser analisados na busca de uma fundamentação para a ação diaconal, com o objetivo de propiciar o desenvolvimento dos membros do corpo de Cristo, que é a Igreja. Na Grécia e na Roma Antiga já havia um serviço público, escravo, realizado em prol da sobrevivência e da manutenção da vida, em forma de restaurante público que atendia a toda a população, no qual quem servia era um garçom (diácono).

Na Bíblia encontramos a instituição e a origem do ministério do diaconato, referentes a uma preocupação inicial com a vida das viúvas, que estavam sentindo-se injustiçadas e cobrando subsídios, conforme a descrição a seguir:

> *Ora, naqueles dias, crescendo o número dos discípulos, houve uma murmuração dos gregos contra os hebreus, porque as suas viúvas eram desprezadas no ministério cotidiano.*
>
> *E os doze, convocando a multidão dos discípulos, disseram: Não é razoável que nós deixemos a palavra de Deus e sirvamos às mesas.*
>
> *Escolhei, pois, irmãos, dentre vós, sete homens de boa reputação, cheios do Espírito Santo e de sabedoria, aos quais constituamos sobre este importante negócio.*
>
> *Mas nós perseveraremos na oração e no ministério da palavra.*
>
> *E este parecer contentou a toda a multidão, e elegeram Estêvão, homem cheio de fé e do Espírito Santo, e Filipe, e Prócoro, e Nicanor, e Timão, e Parmenas e Nicolau, prosélito de Antioquia;*
>
> *E os apresentaram ante os apóstolos, e estes, orando, lhes impuseram as mãos.*
>
> *E crescia a palavra de Deus, e em Jerusalém se multiplicava muito o número dos discípulos, e grande parte dos sacerdotes obedecia à fé.*
>
> (Atos, 6: 1-7)

O diaconato é o único ministério cristão a originar-se de um fato social; surgiu de uma necessidade da Igreja primitiva: o socorro às viúvas helenistas.

Além do partilhar do pão e da vida de oração, presenciar os milagres era comum aos primeiros diáconos, conforme descrito no Novo Testamento:

> *E perseveravam na doutrina dos apóstolos, e na comunhão, e no partir do pão, e nas orações.*

> E em toda a alma havia temor, e muitas maravilhas e sinais se faziam pelos apóstolos.
> E todos os que criam estavam juntos, e tinham tudo em comum.
> E vendiam suas propriedades e bens, e repartiam com todos, segundo cada um havia de mister.
> E, perseverando unânimes todos os dias no templo, e partindo o pão em casa, comiam juntos com alegria e singeleza de coração,
> Louvando a Deus, e caindo na graça de todo o povo. E todos os dias acrescentava o Senhor à igreja aqueles que se haviam de salvar. (Atos, 2: 42-47)

A Palavra de Deus está repleta de princípios e atitudes que são esperados dos que querem servir ao próximo em amor. A diaconia é um serviço de amor. Os apóstolos, ao repartir o que tinham entre todos, denominando a isso de *comum*, autenticavam a marca de Jesus por onde passavam, a marca que mudou a história. Em alguns momentos do serviço, precisamos mostrar o valor das relações em detrimento dos apegos materiais, ou seja, precisamos deixar claro quanto estamos dispostos a servir, a "cobrir o outro com o meu casaco", contrariando o provérbio português "descobrir um santo para cobrir o outro".

> E era um o coração e a alma da multidão dos que criam, e ninguém dizia que coisa alguma do que possuía era sua própria, mas todas as coisas lhes eram comuns.
> E os apóstolos davam, com grande poder, testemunho da ressurreição do Senhor Jesus, e em todos eles havia abundante graça.
> Não havia, pois, entre eles necessitado algum; porque todos os que possuíam herdades ou casas, vendendo-as, traziam o preço do que fora vendido, e o depositavam aos pés dos apóstolos.
> E repartia-se a cada um, segundo a necessidade que cada um tinha. (Atos, 4: 32-35)

Jesus é o "modelo dos modelos" para a ação da diaconia. Descrito no grego como *koiné* (servo), apresenta-se mais como diácono do que como pastor. Jesus preocupou-se com as necessidades físicas, emocionais e espirituais das pessoas. O resultado dessa preocupação é que a mensagem do Evangelho era compreendida na prática, ou seja, na forma de atenção e cuidados, sem julgamento nem condenação, e concretamente como expressão de amor: "Porque o Filho do homem também não veio para ser servido, mas para servir e dar a sua vida em resgate de muitos" (Marcos, 10: 45).

3.2 Aspectos práticos da diaconia

Alguns aspectos práticos relativos à diaconia devem ser levados em conta para uma atuação eficaz na igreja que congrega e serve. Em linhas gerais, podemos destacar:

- realizar atividades administrativas: reuniões de oração, células (nas igrejas em células), planejamento, recepção, confraternizações;
- prestar auxílio na elaboração e na execução de congressos, simpósios, palestras ou outras atividades convocadas por autoridade superior;
- ser bom testemunho em todos os aspectos durante o culto: ser o primeiro a chegar à igreja para preparar todos os detalhes do culto; estar atento, durante o culto, a todas as situações que requerem seu apoio, cuidando inclusive do bem-estar dos visitantes; preocupar-se com a ordem e a segurança do culto; recolher as contribuições para a igreja (dízimos e ofertas) e

depositar no local indicado (registrando o número de envelopes); participar do serviço da Santa Ceia (organização e distribuição);
- assessorar em momentos de oração de cura e libertação;
- participar da recepção dos cultos e dos eventos;
- visitar hospitais, residências com enfermos, idosos e outros locais para levar o amor de Deus e a oração aos dos que precisam;
- zelar por todo o patrimônio da igreja local.

Atividades de aprendizagem

Questões para reflexão

1. Reflita sobre cada palavra que Paulo usou para referir-se aos diáconos (I Timóteo, 3: 8-13):
   "Semelhantemente, quanto a diáconos, é necessário que"
   a) sejam respeitáveis;
   b) sejam de uma só palavra;
   c) não sejam inclinados a muito vinho;
   d) não sejam cobiçosos de sórdida ganância;
   e) conservem o mistério da fé com a consciência limpa;
   f) sejam primeiramente experimentados;
   g) se mostrem irrepreensíveis;
   h) suas mulheres sejam não maldizentes, temperantes e fiéis em tudo;
   i) seja marido de uma só mulher e governe bem seus filhos e a própria casa.

2. Analise as passagens a seguir, correlacionando-as com a diaconia:

   a) "Bem vês que a fé cooperou com as suas obras, e que pelas obras a fé foi aperfeiçoada." (Tiago, 2: 22)

   b) "Tudo quanto te vier à mão para fazer, faze-o conforme as tuas forças, porque na sepultura, para onde tu vais, não há obra nem projeto, nem conhecimento, nem sabedoria alguma." (Eclesiastes, 9: 10)

   c) "Mas, segundo a tua dureza e teu coração impenitente, entesouras ira para ti no dia da ira e da manifestação do juízo de Deus; O qual recompensará cada um segundo as suas obras; a saber: a vida eterna aos que, com perseverança em fazer bem, procuram glória, honra e incorrupção." (Romanos, 2: 5-7)

   d) "Mas a indignação e a ira aos que são contenciosos, desobedientes à verdade e obedientes à iniquidade; tribulação e angústia sobre toda a alma do homem que faz o mal; primeiramente do judeu e também do grego; glória, porém, e honra e paz a qualquer que pratica o bem; primeiramente ao judeu e também ao grego; porque, para com Deus, não há acepção de pessoas." (Romanos, 2: 8-11)

3. Descreva outras atribuições e funções relevantes do diácono na igreja local, além das citadas no capítulo.

capítulo quatro
A importância do trabalho de desenvolvimento comunitário[1]

---
[1] Todas as passagens bíblicas indicadas neste capítulo são citações de Bíblia (2015).

O cristianismo é essencialmente uma religião social; e reduzi-la tão só a uma expressão solitária é destruí-la.

John Wesley

Um esforço conjunto para promover ações que visam à melhoria das condições dos integrantes de uma comunidade pode ser uma das principais ações de lideranças pastorais e de sua congregação.

Ao propor qualquer projeto, é preciso provocar nos participantes, em primeiro lugar, a consciência de valores e potencialidades, partindo dos próprios moradores locais; é preciso também investigar os projetos que podem favorecer o desenvolvimento de várias áreas, como empregos, atendimentos em saúde e escolaridade.

Como cumprimento do "ide", o trabalho em comunidades significa promover a vida humana daqueles que muitas vezes já perderam a esperança de vivê-la em abundância.

4.1 A missão da Igreja e o trabalho comunitário

Qual é a nossa missão como Igreja? Se somos reconhecidamente o corpo de Cristo, deveríamos estar fazendo o que Ele fez, como uma extensão dos ensinamentos deixados por Ele.

A Igreja é um grupo social, um conjunto de pessoas que está em meio aos homens nas sociedades e nas comunidades. As igrejas locais, portanto, têm (como grupo social) alguns deveres e encargos, atribuídos pelas Escrituras, no relacionamento com as pessoas, individual e coletivamente, enquanto elas estiverem no mundo.

O termo *missão* tem origem na palavra *mittere* (latim), que significa "enviar", "mandar", "emitir", "arremessar". Ele foi adotado pela Igreja na Idade Média para descrever o envio de Jesus por Deus ao mundo no poder do Espírito Santo.

O discurso recorrente no século XX expressa a missão da Igreja em termos de desenvolvimento, presença cristã, diálogo inter-religioso, justiça e paz, diaconia e outros conceitos; o que temos presenciado são termos como *evangelismo* e *responsabilidade social*, combinando um pouco com o discurso da contemporaneidade.

Se a Igreja não tiver uma compreensão nítida sobre seu propósito na sociedade e no mundo atualmente, pode perder-se, por isso precisa conciliar a presença, a abundância e a graça de Deus e, assim, contribuir para a transformação social. A pobreza tem sido um desafio interinstitucional.

A missão da Igreja é notadamente a mais sublime e cara dentre as outras missões que possa haver no mundo globalizado, sendo assim descrita na Bíblia: "E como pregarão, se não forem enviados? como está escrito: Quão formosos os pés dos que anunciam o evangelho de paz; dos que trazem alegres novas de boas coisas" (Romanos, 10: 15).

A missão da Igreja consiste somente em pregar e ensinar? E por que não conciliar essa missão com trabalhos comunitários, ou seja, propagar Jesus e o Evangelho "colocando a mão na massa"? O trabalho comunitário tornou-se vital para a sobrevivência de algumas comunidades em situação de vulnerabilidade.

Por *trabalho de desenvolvimento comunitário* entendemos aqui aquele que conclama a população de determinado local para a busca de soluções para seus problemas comuns e, consequentemente, de melhoria da qualidade de vida dos envolvidos. A palavra *comunidade* evoca identidade, sentimento de fazer parte de um grupo com algo em comum, ou seja, de pertecimento, que leva, por si só, as pessoas a reivindicar e a participar das soluções.

Nas palavras de Tenório (1995, p. 13), "Projeto comunitário, um conjunto de atividades que organizadas em ações concretas, atendam às necessidades sentidas e identificadas pela comunidade em um espaço de participação criado por ela ou estimulado pelo demandado".

Muitos recursos são necessários para o desenvolvimento de um trabalho de desenvolvimento comunitário: recursos humanos, materiais, físicos e financeiros. Os financeiros podem advir da própria comunidade que, motivada por um trabalho, obtém os recursos de convênios ou parcerias com a iniciativa pública ou privada.

Assim, é possível colocar uma questão: a assistência social tornou-se uma necessidade ou constitui-se em um modismo pautado em interesses pessoais ou políticos? Para os cristãos, o trabalho comunitário pode ser uma oportunidade de colocar em prática o Evangelho aprendido nos bancos da igreja, em casa e pela Palavra de Deus.

Percebemos claramente que, em virtude das muitas dificuldades vividas pelas comunidades vulneráveis no Brasil e no mundo e em razão do desequilíbrio das ações do governo, a Igreja tem sido convocada a agir e, nesse sentido, o trabalho comunitário pode ser uma opção. É comprovada a eficácia dessa ação na busca por solucionar problemas mais imediatos, bem como problemas crônicos que as pessoas estão vivendo em sua individualidade e, principalmente, na coletividade: resgatar jovens da marginalidade, libertar crianças de trabalhos escravos ou exploração sexual, diminuir a mortalidade infantil, resgatar a dignidade de idosos, gerar novas opções de mercado de trabalho conciliando habilidades com necessidades, realizar projetos de ação social e ambiental, resgatar a cultura cristã etc.

Ao lutar pelos direitos básicos de cidadania, podemos implementar o Reino de Deus e transformar definitivamente a sociedade, pois trabalhar para, com e na comunidade representa um grande desafio para aqueles compromissados com a melhoria da qualidade de vida local. Pode ser um processo longo e os resultados talvez não sejam colhidos por quem iniciou o processo, mas com certeza é um projeto avaliado por Deus, pois as construções realizadas no decorrer do processo estão na Palavra d'Ele: confiança, empoderamento das pessoas para viverem uma vida em abundância, devolução da esperança, libertação de vícios, capacidade de enxergar outros aspectos das pessoas além de suas carências etc.

Um dos autores norte-americanos que vêm se fortalecendo no Brasil com uma nova abordagem em projetos comunitários é John McKnight (2015). O autor afirma que o trabalho comunitário "deve estimular capacidades, não deficiências".

Em suas pesquisas, McKnight (2015) constatou que os projetos que conseguem os maiores benefícios sociais apresentam como ponto de partida os talentos e as capacidades dos integrantes da própria comunidade. Em 1993, publicou o livro *Building Communities from the inside out (Construindo comunidades de dentro para fora,* em tradução livre), ainda não traduzido para o português.

McKnight aponta que olhar a comunidade pela lente das carências promove consequências ruins para a comunidade, como:

- internaliza a identidade de carente pelos habitantes locais;
- tende a destruir os relacionamentos locais, porque leva as pessoas a acreditar que somente os especialistas sabem "consertar" a comunidade;
- aumenta a relação de dependência com o Estado e com financiadores;
- os recursos vão para especialistas de fora e não para os projetos locais;
- evidencia os líderes que denigrem o próprio bairro;
- recompensa o fracasso produzindo mais dependência;
- e, o pior de tudo, cria desesperança.

Em contrapartida, as comunidades que percebem sua realidade a partir de suas capacidades descobrem que:

- os recursos que mais contribuíram para melhorar as coisas por conta própria são: capacidades e habilidades dos moradores locais; associações de cidadãos – grupos voluntários da comunidade; instituições locais públicas e privadas; recursos físicos – a terra e tudo o que está acima e abaixo dela; economia local;
- o progresso acontece quando se foca nos ativos;
- os ativos criam conexões;
- os recursos externos entram para apoiar o desenvolvimento dos ativos locais;
- o sucesso se apoia na colaboração entre sociedade civil, Estado e mercado;
- as relações de confiança, a ajuda mútua e a esperança são promovidas.

Fonte: Adaptado de Piacentini, 2009.

Teologia social

McKnight descobriu em suas investigações que as comunidades não negaram a existência de desafios a serem vencidos, mas puderam usar as habilidades e as competências dos moradores locais para superar os desafios diários, o que podemos apontar como uma missão social da Igreja, que exerce papel relevante ao incentivar o relacionamento benéfico com as pessoas, enxergando-as como o próprio Jesus as vê.

A mensagem central do Evangelho por si já conduz o homem a ter esperança, não somente de uma vida eterna com Deus, mas de uma vida abundante na Terra; por isso, as descobertas desse autor corroboram a missão da Igreja nos projetos de trabalho com as comunidades, na verdadeira ação social e na demonstração de "amor ao próximo", considerado por Jesus como um dos mandamentos que resumia a lei dos profetas.

Quando praticamos esse amor, estamos manifestando as três formas mais sublimes de amar: dimensão vertical – em direção a Deus; dimensão horizontal – em direção aos pares; dimensão interior – em direção a si mesmo.

Precisamos extrapolar a dimensão interior em direção à dimensão vertical, ratificando, assim, nosso amor a Deus. Não é incomum notar um processo de transformação de nossas igrejas em meras multidões de consumidores, cada vez mais interessados em si mesmos, vivendo um vazio espiritual nunca experimentado. O trabalho comunitário pode ressignificar a missão da Igreja na contemporaneidade, colocando a mão no arado sem olhar para trás (Lucas, 9: 62), prestando uma relação de ajuda e compartilhando o amor que nos resgatou com o maior número de pessoas.

4.2 Identificando as necessidades da comunidade

O desenvolvimento de qualquer trabalho requer etapas necessárias que podem garantir a eficácia de sua aplicação, ou seja, é preciso preocupar-se com o planejamento e a execução sistemática de cada etapa para cometer o mínimo de erros no que se refere à atuação em comunidade.

Segundo Phil Bartle (2011), três fases são básicas na elaboração de um projeto:

1. **Planejamento do projeto**: Inclui análise da realidade, identificação de problemas, definição de objetivos, formulação de estratégias, elaboração de um plano de trabalho e orçamento.
2. **Implementação do projeto**: Envolve mobilização, utilização e controle de recursos e operação do projeto. É importante destacarmos que, por se tratar de um projeto comunitário, ele deve ser construído de forma participativa, isto é, o grupo decide "o que fazer", "como fazer", "onde fazer", "com que fazer" e "para que fazer".
3. **Avaliação do projeto**: Trata-se de item fundamental em todo projeto social; não deve ser realizada somente no fim. No desenvolvimento de todas as etapas é possível medir o processo, fazendo a denominada *pré-avaliação*: no levantamento de problemas, causas, efeitos, na organização das informações e na confirmação da viabilidade, ou seja, em todo o tempo e ao término serão mensurados todos os resultados alcançados.

Tenório (2008) divide a elaboração de projetos em quatro fases: identificação, viabilidade, elaboração propriamente dita e análise. De forma didática, apresenta as etapas subdivididas em duas partes: a primeira é denominada de *diagnóstico*; a segunda, de *prognóstico*, que inclui a análise durante toda a duração do projeto, conforme o esquema a seguir.

Figura 4.1 – Etapas básicas na elaboração de projetos

```
┌──────────Diagnóstico──────────────────┐ ┌─Prognóstico─┐
│                                       │ │             │
│  Identificação ⇄ Viabilidade          │ │   Projeto   │
│        ▲              ▲               │ │      ▲      │
└────────┼──────────────┼───────────────┘ └──────┼──────┘
         │              │                        │
         └──────────── Análise ──────────────────┘
```

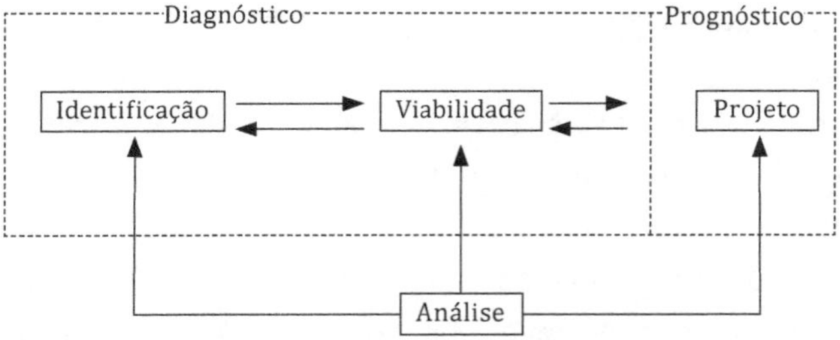

Fonte: Tenório, 2008, p. 12.

Na fase de planejamento, é preciso conhecer detalhadamente a comunidade e sua realidade. As perguntas "Onde estamos?" e "O que temos?" podem ajudar na análise da situação, pois se trata de um processo no qual será possível identificar minuciosamente as características gerais, os problemas e as capacidades da comunidade, propostas por McKnight (2015) . Nessa fase, o olhar deve estar apurado, de modo a não se perder nenhum detalhe importante para a implementação do projeto, ou seja, levantar todos os membros da comunidade (pessoas portadoras de deficiências, mulheres, crianças, jovens, idosos, lavradores, comerciantes, artesãos etc.).

4.2.1 Levantamento das informações

A seguir, apresentamos, com base em Bartle (2011), algumas informações necessárias para que seja possível compreender a comunidade e, assim, estabelecer prioridades:

- característica da população (sexo, idade, tribo, religião e tamanhos das famílias);
- estruturas políticas e administrativas (comitês comunitários e conselhos locais);
- atividades econômicas (incluindo agricultura, comércio e pesca);
- tradições culturais (herança e sistema de clã), transições (rituais de casamento e de funerais) e ritos de passagem (circuncisão);
- projetos em andamento com o município, o Estado, a nação, as organizações não governamentais (ONGs) e as organizações baseadas na comunidade (OBCs);
- infraestrutura socioeconômica ou comunitária (escolas, unidades de saúde e rodovias de acesso);
- organizações comunitárias (grupos de poupança e crédito, grupos femininos, grupos de autoajuda), suas funções e atividades.

Tais informações podem ser obtidas por meio de muitas técnicas, sempre com o apoio dos membros da comunidade:

- revisão de documentos;
- pesquisas;
- discussões individuais, em grupos específicos e com a comunidade como um todo;
- entrevistas;
- observações;
- escuta das pessoas;

- execução de *brainstorming*;
- conversas informais;
- inventário dos recursos, serviços e oportunidades sociais da comunidade;
- realização de caminhadas, elaboração de mapas;
- árvore de problemas.

4.2.2 Importância da análise das informações

De posse das informações, é hora de realizar uma análise da situação. Essa fase é muito importante e deve ser feita antes de qualquer tentativa de propor projetos com a intenção de resolver o(s) problema(s) da comunidade. A análise das informações colabora para se estabelecerem as prioridades da comunidade, de modo a não se correr o risco de apresentar projetos excêntricos ou apenas baseados em boas intenções, o que às vezes acontece.

Podemos destacar as seguintes vantagens propiciadas pela análise das informações:

- oferece uma oportunidade de entender as dinâmicas da comunidade;
- ajuda a esclarecer as condições sociais, políticas, econômicas culturais e religiosas da população;
- proporciona uma oportunidade inicial para a participação das pessoas em todas as atividades do projeto;
- possibilita a definição de problemas (e de soluções) da comunidade;
- oferece informações necessárias para a determinação de objetivos, planos e implementações;
- possibilita a realização de um estudo da viabilidade técnica, econômica e financeira, gerencial, social e ecológica do projeto.

Para pleitear recursos públicos ou de iniciativa privada, é imprescindível a elaboração de um projeto detalhando o que está sendo solicitado e por qual razão. A identificação das reais necessidades da comunidade que se pretende atender pode ser a principal e mais genuína justificativa do projeto.

Atividades de aprendizagem

Questões para reflexão

1. Analise a seguinte afirmação de Nordstokke (2005, p. 277):

   É óbvio que o contexto brasileiro exige outro modelo de atuação eclesial do que aquele que foge do compromisso com a realidade. A igreja que se limita a "assuntos espirituais" vai ser alienada da realidade da maioria do povo brasileiro. Em última análise, o próprio fundamento da fé vai questionar tal forma de reducionismo eclesial.

2. John McKnight, texto da palestra reproduzida no *link* indicado a seguir, apresenta-nos um "mapa de carências", um levantamento realizado nas comunidades apontando algumas questões (desemprego, vadiagem, famílias desempregadas, favelas, analfabetismo, beneficiários da previdência social, envenenamento por chumbo, abuso infantil, grafiteiros, doenças mentais). Quais as necessidades comuns ou diferentes destas, na comunidade em torno da igreja que congrega, que poderiam suscitar projetos de ação social?

   McKNIGHT, J. **Trabalho comunitário deve estimular capacidades, não deficiências**. Disponível em: <https://vaipedagogia.wordpress.com/2011/03/20/o-desenvolvimento-da-comunidade-baseado-em-ativos>. Acesso em: 28 jun. 2015.

3. Eleja uma comunidade e faça um levantamento da realidade ali vivenciada, como sugerido pelo texto de McKnight (2015). Elabore uma ficha que contemple o maior número de informações. Veja um exemplo:

Nome da comunidade
Localização
Número de idosos (aproximadamente)
Número de adultos – 21 a 65 anos (aproximadamente)
Número de jovens – 18 a 21 anos (aproximadamente)
Número de adolescentes – 12 a 18 anos (aproximadamente)
Número de crianças – 0 a 12 anos (aproximadamente) – Há mais bebês ou crianças de 3 a 12 anos?
Há quantas igrejas no bairro? Quais doutrinas professam?
Qual é o problema mais citado entre os moradores?
Que doenças mais aparecem entre os moradores (divididas por idade)?
Questões relacionais

capítulo cinco
Metodologia para a elaboração de projetos comunitários[1]

---

1   Todas as passagens bíblicas indicadas neste capítulo são citações de Bíblia (2015).

Do santuário te envie auxílio e de Sião te dê apoio.

Salmos, 20: 40

A participação em projetos comunitários, conceituados como um "conjunto planejado de atividades que, por meio de um processo participativo, busca atender as necessidades da mesma" (Tenório, 2008, p. 11), requer uma metodologia adequada que possibilita a assertividade das ações e o alcance de resultados eficazes. Apresentamos a seguir os elementos que auxiliam na elaboração e na execução de projetos que envolvem comunidades.

Nas palavras de McKnight (2015), "Comunidades utilizam melhor os recursos externos quando já fazem bom uso de seus próprios recursos". A utilização de outros recursos somados aos que a comunidade já tem requer a aplicação de uma metodologia adequada, que contemple esses e outros dados.

Uma comunidade pode desenvolver-se melhor apoiada pelo seguinte tripé: sistema público, sistema econômico e apoio da igreja local. A igreja, por meio de seus líderes e da congregação, pode desenvolver projetos que transformem a vida dos moradores; trata-se de um esforço solidário que potencializa a cidadania e aumenta a consciência social dos envolvidos.

Para a Organização das Nações Unidas (ONU), o desenvolvimento comunitário, na década de 1950, consistia em um "processo através do qual cada povo participa do planejamento e da realização de programas que se destinam a elevar o padrão de suas vidas. Isso implica na colaboração indispensável entre os governos e o povo para tornar eficazes os esquemas de desenvolvimento viáveis e equilibrados" (Ammann, 1981, p. 147).

Tal definição ainda pode ter eco nos trabalhos desenvolvidos com as comunidades. Já segundo o dicionário *on-line Michaelis*, os significados para a palavra *desenvolvimento* são: "1 Ato ou efeito de desenvolver. 2 Crescimento ou expansão gradual. 3 Passagem gradual de um estádio inferior a um estádio mais aperfeiçoado. 4 Adiantamento, progresso. 5 Extensão, prolongamento, amplitude" (Desenvolvimento, 2015).

5.1 Elementos que compõem a elaboração de projetos

Com base na identificação das necessidades da comunidade e na constatação de que existem problemas, uma das possibilidades é buscar recursos para a atuação nessa realidade, e a forma mais eficaz de fazer isso é por meio da implantação de projetos bem elaborados e claros:

> *O projeto deve ter uma estratégia de ação na qual a comunidade deixe de ser o sujeito passivo para ser o sujeito determinante do processo de transformação de sua condição socioeconômica e política. O projeto só alcançará resultados positivos se a população a ser beneficiada se envolver em todas as etapas de sua elaboração.* (Tenório, 1995, p. 18)

Oliveira et al. (2007) nos apresentam uma sugestão prática de itens necessários para compor um projeto comunitário, descritos a seguir:

- **Diagnóstico**: É preciso realizar uma análise da área onde será implantado o projeto, com informações sobre aspectos socioeconômicos e outras questões relevantes, coletadas na fase de identificação das necessidades da comunidade.
- **Beneficiários** (público-alvo do projeto): Deve-se apresentar uma breve explicação sobre quem serão os principais beneficiados com a implantação do projeto.
- **Objetivos gerais e específicos**: Deve-se descrever para que esse projeto está sendo proposto na comunidade. O objetivo geral é descrito geralmente como: "implantar um programa, implantar uma escola, comunidade terapêutica etc.". Os objetivos específicos referem-se sempre aos ganhos periféricos obtidos com o projeto, esmiuçando as ações, como em: "Atender crianças e adolescentes em situação de risco; proporcionar cursos para jovens envolvidos em drogadição".
- **Justificativa**: Consiste na apresentação da relevância do projeto em relação aos problemas identificados.

- **Programação das atividades**: Todo projeto tem de conter um cronograma (pelo menos uma previsão) de como acontecerá, a indicação do local escolhido ou sugerido e a identificação das principais atividades, coerentes com o que se está pleiteando.
- **Descrição da metodologia de ação**: Trata-se de uma explanação detalhada de todas as ações do projeto.
- **Identificação de órgãos e instituições financiadoras ou apoiadoras**: É preciso descrever os possíveis investidores.
- **Programação orçamentária dos recursos financeiros, humanos, materiais e tecnológicos**: Deve-se descrever minuciosamente todos os recursos necessários para o desenvolvimento do projeto.
- **Administração do projeto**: Com transparência, é preciso apresentar os nomes das pessoas que se responsabilizarão pelo funcionamento do projeto.
- **Metodologia de acompanhamento**: Trata-se de apresentar de que forma o projeto será acompanhado (de preferência uma combinação de proponentes e pessoas da comunidade).
- **Anexos, quando necessário**: Fotos da comunidade, projetos arquitetônicos e maquetes podem compor e ilustrar a realidade do que se pede.

Ignorar uma ou outra etapa de construção do projeto é desprezar uma metodologia que guia os proponentes na definição dos procedimentos adequados diante das exigências cada vez mais visíveis da comunidade acadêmica e de setores públicos ou privados, segmentos com os quais geralmente se buscam recursos para implantar o Reino de Deus.

Atividades de aprendizagem

Questões para reflexão

1. A Palavra de Deus nos exorta: "Tudo quanto te vier à mão para fazer, faze-o conforme as tuas forças, porque na sepultura, para onde tu vais, não há obra nem projeto, nem conhecimento, nem sabedoria alguma" (Eclesiastes, 9: 10). De que forma devemos aplicar esse princípio na elaboração e na execução de projetos comunitários?

2. É possível enfrentar os problemas locais e implementar projetos sociais criativos e inovadores, organizados pela Igreja e com a participação da comunidade? Como?

3. Com os dados levantados na questão 3 do capítulo anterior ("Questões para reflexão"), escreva um esboço de projeto. Para isso, considere a sequência proposta neste capítulo.

Identificação da comunidade (nome, bairro, cidade)
Diagnóstico
Beneficiários (público-alvo)
Objetivos: Gerais   Específicos
Justificativa
Programação das atividades
Metodologia de ação
Órgãos e instituições financiadoras ou apoiadoras
Recursos financeiros, humanos, materiais e tecnológicos
Administração do projeto

(continua)

(conclusão)

Metodologia de acompanhamento
Anexos (Indicar o que colocaria de anexo neste projeto, apenas a título de exercício)

4. Em um grupo de quatro pessoas, compartilhe as ações descritas no projeto elaborado, complementando-o com o que falta na sua proposta e anotando as ideias inovadoras apresentadas pelo grupo.

capítulo seis
Capelania: algumas possibilidades[1]

---
1   Todas as passagens bíblicas indicadas neste capítulo são citações de Bíblia (2015).

Por isso o rei me perguntou: "Por que o seu rosto parece tão triste, se você não está doente? Essa tristeza só pode ser do coração!"

Neemias, 2: 2

Os projetos de capelania são comprovadamente eficazes na assistência religiosa (espiritual) e social em instituições educacionais, presídios, hospitais etc., previstos e garantidos pela Constituição Federal de 1988 (art. 5, inciso VII) e pela Lei n. 9.982, de 14 de julho de 2000 (Brasil, 2000).

Apresentamos duas possibilidades de atuação da capelania: em instituições educacionais e de saúde. O objetivo é delimitar suas ações e estimular os conhecimentos acerca dessa ferramenta importante no cuidado e no zelo dos membros da comunidade atendida, de modo que seja possível contribuir para a saúde espiritual dessas pessoas, mediante a aplicação dos princípios ético-cristãos, e também para seu equilíbrio emocional.

6.1 Projetos em instituições educacionais

Qual é o papel da Igreja e qual é o papel das instituições de ensino (creche, escola, colégio ou universidade)? É possível conciliar os principais papéis de cada um?

Uma das tarefas de destaque da Igreja é a evangelização e a doutrinação, ao passo que as instituições de ensino têm como objetivo o ensino, basicamente científico, preocupando-se em preparar os alunos para serem cidadãos do mundo, que saibam pensar de forma crítica e reflexiva.

Uma instituição de ensino não é uma igreja no sentido literal da palavra, mas é composta de um grupo de pessoas que precisam de conhecimento e o buscam como forma de acalmar suas inquietações, em uma sociedade que convive com tecnologias e virtualidade.

Um projeto de capelania em um espaço educacional pode servir de refrigério e de consolo em diversos momentos para os que ali se encontram diariamente (alunos, professores, gestores, funcionários de diversos setores e familiares).

A **capelania escolar** ou **universitária** pode ser definida como um serviço de apoio espiritual, centrado nos princípios da Bíblia e comprometido com a formação integral do ser humano, com o resgate de valores construtivos, transmitindo palavras de orientação e encorajamento às pessoas em momentos especiais ou de crise. Esse serviço geralmente é prestado por um bacharel em Teologia.

Capelania: algumas possibilidades

São objetivos da capelania:

- assistência ou orientação espiritual;
- aconselhamento em situações adversas que interferem na vida escolar ou universitária.

Podem ser metas da capelania em um espaço educativo:

- gestão de relacionamentos saudáveis;
- gestão de conflitos intra e interpessoais.

Algumas tarefas podem ser desenvolvidas pelo capelão na escola ou na universidade:

- presença constante (pessoal ou mesmo virtual);
- cultos e devocionais;
- distribuição de literatura específica;
- planejamento estratégico.

Existem muitas situações que justificam a existência de um espaço de desenvolvimento de prática e fé cristã, entre elas: dúvida com relação ao curso, falta de motivação para estudar, uso e abuso de álcool e drogas, dinâmica familiar disfuncional, dificuldade de relacionamento entre alunos e professores ou dos alunos com autoridades em geral, conflitos entre funcionários.

A implantação da capelania pode ser tanto voltada para as crianças e suas famílias, nas creches, como para os alunos do ensino superior. Pelo que observamos nos pátios educacionais e nos noticiários do cotidiano, esta é, sem dúvida, uma população em total crise e sem identidade (todos, alunos, gestores, professores); porém, é convocada, assim como está, para o exercício da cidadania e da responsabilidade social. Como essas pessoas farão isso?

A proposta de educação integral veiculada na contemporaneidade pode ser uma resposta. Ela implica cuidar dos aspectos biopsicossocial e espiritual dos educandos. A capelania pode colaborar nessa tarefa, ajudando os indivíduos a enfrentar de forma mais eficaz as intempéries da vida.

Um capelão nesse espaço deve ser a presença de Jesus, por meio de suas atitudes e também por meio de palavras de conforto, orientação, elogio, encorajamento, esperança e oração.

No tocante a questões espirituais, o projeto da capelania deve contemplar mecanismos de atendimento a essa população, sedenta por encontrar o caminho para uma vida plena. Por outro lado, as instituições de ensino precisam abrir espaço para que tais projetos aconteçam em seu interior, extrapolando os conhecimentos científicos e/ou "para a vida", sob o risco de fraquejarem em seu projeto principal, pois "a letra mata, mas o espírito vivifica", ou seja, o ser humano é mais do que lápis e papel, muito mais.

6.2 Projetos em instituições de saúde

Qual a função do capelão nas instituições de saúde?

Pessoas internadas por longos períodos ou mesmo as que passam um período breve em um hospital (em decorrência de uma situação que interrompe sua saúde) podem sentir-se emocionalmente abaladas e afligidas por sentimentos de sofrimento, além de terem uma sensação de impotência diante do ocorrido. As que precisarão enfrentar um longo período de internamento podem experimentar um sentimento de solidão, tédio ou terríveis incertezas. Os motivos que levam uma pessoa a ser internada em um hospital são muito variados e requerem atenção especial. Fato relevante nessa situação é que a rotina pessoal é totalmente modificada.

A palavra *hospital* vem do latim *hospitale*. Originalmente, tratava-se de um estabelecimento onde era praticada a hospitalidade para com as pessoas necessitadas, ou seja, não era um lugar voltado a adoentados, mas um local em que órfãos, idosos e peregrinos eram acolhidos. Conforme Leone (citado por Hoepfner, 2008), as primeiras intituições hospitalares foram implatadas na Índia (400 a.C.), por influência do budismo; já na Grécia Antiga existiam outras duas estruturas assistenciais: os *asclepiei* e os *iatreia*. Na Roma Antiga, havia três instituições que se ocupavam com a saúde: os templos; as *medicatrinae*, que podem ser consideradas como os predecessores das atuais instituições hospitalares; e os *valetudinari*, grandes áreas onde eram tratados escravos e militares. Historiadores afirmam que o que contribuiu significativamente para a criação dos hospitais foi o advento do cristianismo. Com base na fidelidade à missão de Cristo, de pregar o Evangelho e curar os enfermos (Lucas, 9: 2), a assistência às pessoas necessitadas torna-se uma das principais atividades beneficentes da comunidade eclesial, fundamentada na prática do amor ao próximo.

De acordo com Hoepfner (2008, p. 86), "a expressão 'clínica pastoral' surgiu nos Estados Unidos para designar um círculo especial de formação de pastores (as) e estudantes ou diáconos e diaconisas para a visitação e o acompanhamento de pessoas doentes em hospitais ou clínicas psiquiátricas". Esse foi um movimento importante que contribuiu para a capelania hospitalar.

A atuação em espaços como estes, levando o amor de Deus e Seu maravilhoso consolo, é a principal missão da capelania hospitalar. O alcance desse projeto não se restringe ao paciente internado, mas aos seus familiares e aos profissionais de saúde, que também se sobrecarregam pelo estresse vivido no trabalho e na vida pessoal.

Atuar na capelania hospitalar é levar a Palavra àqueles que querem recebê-la sem imposição e, principalmente, ser ouvidos

atentamente, o que é tão necessário nos dias de hoje, confortando, encorajando e ajudando essas pessoas no enfrentamento da vida, levando esperança no plano natural (medicina) e, principalmente, no plano sobrenatural (poder de Deus).

Nos momentos de desconforto e dor vividos em um espaço hospitalar, a presença dos um capelão e de recursos espirituais oferecidos por ele pode diminuir as angústias.

Hoepfner (2008) aponta algumas dimensões do ministério de Cristo para a capelania hospitalar, entre elas vigiar, guiar, providenciar vida e a dimensão da afetividade, contribuindo, assim, com o enriquecimento das discussões acadêmicas sobre o assunto.

A Capelania Federal Brasileira e Internacional (Cafebi) faz algumas recomendações aos que querem integrar a equipe de uma capelania hospitalar, as quais reproduzimos a seguir.

QUALIFICAÇÕES PARA VISITAÇÃO:

- *Ter sabedoria e humildade para saber que você não é melhor do que ninguém;*
- *Cultivar uma personalidade amável, agradável, cativante;*
- *Ter habilidade de comunicar-se;*
- *Ter humor estável;*
- *Ter respeito às opiniões religiosas divergentes;*
- *Ter discernimento e sensibilidade na conversação;*
- *Saber guardar as confidências dos pacientes;*
- *Saber usar a linguagem e forma de abordagem a cada pessoa;*
- *Dar tempo e atenção ao paciente visitado;*
- *Ter sensibilidade para com discrição, sentir quando é o momento mais oportuno para visitar;*
- *Saber evitar a intimidade e não invadir a privacidade alheia;*
- *Saber ouvir.*

PRINCÍPIOS A SEREM OBSERVADOS NA VISITAÇÃO A ENFERMOS:

- *Bater à porta.*
- *Pedir licença ou cumprimentar só verbalmente (a menos que o paciente estenda a mão).*
- *Se apresentar como pastor(a); obreiro(a).*
- *Se oferecer para orar (respeitar as negativas) pedindo o favor de abaixar o volume do rádio ou TV.*
- *Convidar as pessoas do ambiente pra ouvirem a leitura bíblica e oração.*
- *Caso o enfermo estiver no banho, fazendo curativos ou algum exame, RETORNE POSTERIORMENTE.*
- *Se a enfermeira estiver atendendo o paciente ou o médico estiver presente no quarto, RETORNAR POSTERIORMENTE.*
- *Se o paciente está com algum mal-estar (vômito, dor, confuso), abreviar a visita.*
- *Às vezes o paciente faz as seguintes solicitações: para ajeitá-lo no leito, pede água ou algum alimento, solicita medicação. TODAS essas solicitações devem ser atendidas pelo serviço de enfermagem. Por isso, responda ao paciente que ele deve fazer esse pedido à enfermeira, ou em alguns casos (queda do paciente, escapou o soro) avisar o ocorrido no posto de enfermagem.*
- *Em alguns casos quando o paciente apresenta um quadro de contaminação, é colocado um cartaz de alerta e de instruções na porta do quarto. Na dúvida, perguntar no posto de enfermagem o que deve fazer para entrar no quarto (utilizar máscara, luva etc.).*

PRINCÍPIOS FUNDAMENTAIS

- *O objetivo da visita NÃO É doutrinação, mas atender à necessidade do paciente; a visita deve ter um propósito: conforto, consolo para quem sofre. Muitas vezes, a tentação de "pregar" e apresentar o seu discurso faz com que muitos se esqueçam de que estão num hospital, desvirtuando, assim, todo o propósito da visita;*
- *Quando tiver dúvidas sobre a situação do paciente, procure a enfermeira;*
- *Ter discernimento para dosar o tempo da visita;*
- *Não demonstre "pena" do paciente;*
- *Mostre seu interesse pelo paciente, mas sem exageros;*
- *Preste atenção naquilo que o paciente está falando, verificando quais são suas preocupações;*
- *Não conduza a sua conversa de tal maneira que exija do paciente grande concentração e esforço mental para acompanhar (ele pode estar sob o efeito de medicamentos);*
- *Ao paciente que acha que não será curado, encoraje. Mas, faça-o com prudência, sem promessas infundadas;*
- *Não fale sobre assuntos pavorosos;*
- *Nunca pratique atos exclusivos de auxiliar de enfermagem, tais como: dar água ou qualquer alimento, ou locomover o paciente, mesmo que seja a pedido dele;*
- *Nunca discuta sobre a medicação com os pacientes;*
- *Mantenha os segredos profissionais (num leito de hospital o paciente fala muita coisa de si mesmo e de sua vida pessoal);*
- *Nunca comente nos corredores do hospital, ou fora deles, o tipo de conversa ou encaminhamento de sua entrevista mantida com o paciente;*

- *A ética deve ser rigorosamente observada. Tome muito cuidado!*
- *Não cochiche! Pacientes apresentam alto nível de desconfiança;*
- *Aproveite a oportunidade como se fosse a única. Na medida do possível, o ministério junto ao enfermo, dentro de um hospital deve ser completo, numa "dose única";*
- *Evite a intimidade excessiva, não invadindo a privacidade alheia (tanto do paciente quanto do seu acompanhante);*
- *Respeite a liberdade do paciente quando ele não quiser (ou não estiver preparado para) falar sobre seus problemas;*
- *Nunca tente ministrar o enfermo quando ele está sendo atendido pelo médico ou pela enfermeira, ou quando estiver em horários de refeições, ou quando a situação impossibilite (familiares, telefonando ou algo importante que ele está assistindo na TV);*
- *Não faça promessas de qualquer espécie (cura, conseguir medicação, maior atenção dos profissionais de saúde, transferências, conseguir entrevista com o diretor). O próprio hospital tem meios de solucionar essas solicitações;*
- *Em caso de possessão demoníaca, elas precisam ser discernidas;*
- *Preste atenção nos cartazes afixados na porta do quarto, pois eles orientam por qual motivo você não pode entrar naquele momento ou quais os cuidados você deve tomar ao entrar no quarto. Talvez seja proibida a entrada por causa de curativo, troca de bolsa em pacientes renais, proibição de visita por ordem médica. O paciente pode estar isolado por causa de problemas de contágio e o cartaz estará orientando se for necessário utilizar máscara jaleco, luvas ou evitar tocar no paciente. Também pode estar tomando banho;*
- *Evitar apertar a mão do paciente, a não ser que a iniciativa seja dele;*

Teologia social

- *Nunca sentar-se na cama do paciente, evitando assim contaminar o doente ou ser contaminado por ele. Quando o paciente está em cirurgia, os lençóis ficam enrolados, não devendo NINGUÉM sentar ali;*
- *Procurar estar numa posição em que o paciente veja você;*
- *Cuidado se a sua voz for estridente;*
- *Se for insultado, reaja com espírito cristão;*
- *Em suas conversas, orações, leituras de textos, fale em tom normal. Evite a forma discursiva e com voz estridente, a não ser que seja em ambiente amplo.*
- *Observar se o paciente está com mal-estar (náuseas ou dor), procurando abreviar ao máximo a visita.*

ATITUDES ADOTADAS PERANTE O PACIENTE E O CORPO CLÍNICO:
Para o paciente, o médico é a pessoa mais importante no hospital, em quem ele deposita sua confiança. É a visita que ele deseja ansiosamente; portanto, quando chegar o médico, procure encerrar o assunto ou oração ou retirar-se discretamente. Evite dar palpites sobre o tratamento do paciente ou sobre a conduta do médico. Procure trabalhar em harmonia com o pessoal da enfermagem, pois os pacientes dependem deles.

APLICAÇÃO BÍBLICA
Sabemos que a enfermidade é proveniente da raça humana em pecado. Em muitas situações a enfermidade surge por culpa direta do próprio indivíduo que não cuida do seu corpo como deveria, ou por causa da violência urbana. Mesmo que o indivíduo seja culpado de sua situação, devemos levar-lhe uma mensagem que Jesus deseja lhe dar saúde total, tanto no corpo como na alma, pois Ele disse: "Eu vim para que tenham vida e a tenham em abundância". (João 10: 10)

•••

A mensagem que se deve trazer ao enfermo é a mensagem bíblica de esperança e consolo. Essa mensagem é verbal através da leitura bíblica, oração e aconselhamento. Também, através de expressão corporal, tais como expressão de carinho, sorriso e demonstração de empatia.

•••

Fonte: Cafebi, 2015.

A capelania hospitalar existe para devolver a dignidade e a esperança da pessoa enferma, que foi criada à imagem e à semelhança de Deus. Esse deve ser o ponto de partida e da chegada de sua atuação/ação.

Atividades de aprendizagem

Questões para reflexão

1. Leia o livro *Projeto de capelania escolar* e faça uma resenha sobre ele.

   SANTANA, J. C. M. de. **Projeto de capelania escolar**: uma visão da razão, objetivos e propósitos da capelania no contexto da escola. 2. ed. [S.l.: s.n.], 2009. Disponível em: <http://pt.slideshare.net/ElianXamar/texto-do-projeto-de-capelania-escolar-2-edio-7483662>. Acesso em: 13 maio 2015.

2. Qual é a importância da capelania hospitalar?

3. Resuma as principais habilidades e os cuidados que um capelão precisa ter para atuar no ambiente hospitalar.

4. Pesquise (pessoal ou virtualmente) projetos de capelania em instituições educacionais de relevância que estão acontecendo em sua cidade ou região e descreva como funcionam (períodos do dia, envolvidos etc.), além dos resultados positivos ou negativos e o que observou na pesquisa que representa o diferencial desse projeto.

5. Pesquise a existência de capelania hospitalar, educacional ou em presídios na sua cidade e região e descreva as ações desenvolvidos e os resultados obtidos com essa prática.

capítulo sete

Implantação de espaços de atendimento a dependentes químicos[1]

---

1 Todas as passagens bíblicas indicadas neste capítulo são citações de Bíblia (2015).

O espírito do Senhor DEUS está sobre mim; porque o SENHOR me ungiu, para pregar boas novas aos mansos; enviou-me a restaurar os contritos de coração, a proclamar liberdade aos cativos, e a abertura de prisão aos presos; A apregoar o ano aceitável do Senhor.
Isaías, 61: 1-2

O que é dependência química? Quais são os fatores relacionados ao desenvolvimento da dependência química? Quais são as modalidades de atendimento à doença da dependência química? Que danos provocam o uso e o abuso de álcool e drogas? Como proceder quando algum familiar apresenta sinais de uso e abuso de drogas? E quando se trata de alguém da igreja?

Muitas são as dúvidas relacionadas à dependência química, pois ela ainda não é considerada com a seriedade merecida, em virtude da complexidade do assunto.

Apresentamos neste capítulo um esboço das principais informações que o líder pastoral precisa ter para envidar esforços com as famílias no combate a essa doença.

7.1 Dependência química

O que é, afinal, a dependência química? Trata-se de assunto bastante polêmico ainda, especialmente no Brasil. Devemos compreender primeiramente que a dependência química é reconhecida como uma doença (incluindo o alcoolismo) pela maioria das associações médicas internacionais e pela Organização Mundial de Saúde (OMS). Ela é definida pela 10ª Revisão da Classificação Internacional de Doenças (CID-10), da OMS, como um conjunto de fenômenos comportamentais, cognitivos e fisiológicos que se desenvolvem após o uso repetido de determinada substância ou de uma classe de substâncias, sendo os pacientes atualmente denominados *dependentes de substâncias psicoativas* (SPAs). É uma doença sutil, de difícil detecção, incurável, progressiva, incapacitante, fatal, mas... controlável!

Nas palavras de Bernardo (2015): trata-se de uma síndrome insidiosa, que causa sofrimento emocional aos familiares e amigos do dependente.

Segundo essa premissa, existem cinco níveis, da experimentação à dependência: uso experimental; uso recreativo; uso habitual; abuso de drogas; dependência, fase cuja principal característica é a perda de controle do uso dos químicos.

O que a liderança religiosa não pode perder de vista ao tratar da dependência química é o olhar de Deus sobre a pessoa e sua família, um olhar de esperança, um olhar de fé que enxerga o impossível, pois se trata de um quadro complexo e sério. Além disso, é possível entender à luz da ciência alguns aspectos do ser humano que está doente (ler artigo apresentado no "Anexo").

Observar os aspectos citados no texto e preservar a identidade cristã nos cuidados com a pessoa e os familiares acometidos por essa enfermidade é prestar o socorro dos céus e devolver a esperança em meio ao caos que se instala quando se passa por essa experiência.

Bernardo (2015) afirma que, segundo os novos conceitos de dependência química, não há drogas "pesadas", do ponto de vista do disparador da doença, cujo principal gatilho é o estímulo cerebral de recompensa ocasionado pelo uso de drogas, que leva à repetição e consequentemente à dependência química.

De acordo com a pesquisadora, o desenvolvimento da doença está ligado ao tempo, ao tipo de droga e principalmente ao organismo da pessoa que a está utilizando; portanto, o grau de vulnerabilidade está interligado com fatores predisponentes, somados ao meio ambiente e à substância química preferida do indivíduo.

É importante compreendermos que há dependência química quando o descontrole é visível, pelo consumo insistente e repetitivo de substâncias psicoativas, processo que libera uma resposta bioquímica ao cérebro, impedindo a livre escolha de manter-se em abstinência.

7.2 Diferentes modalidades de atendimento em dependência química

Não é raro nos depararmos com notícias de que clínicas ou comunidades terapêuticas destinadas ao tratamento da dependência química foram fechadas por inadequação. A implantação desses espaços é cada vez mais difícil, uma vez que as exigências, por se tratar de uma doença tão complexa, estão aumentando. A maioria das comunidades terapêuticas no Brasil é administrada por voluntários ou por grupos religiosos. A primeira comunidade terapêutica voltada exclusivamente para o atendimento e a recuperação do adicto foi criada em 1967, na cidade de Goiânia, pela missionária Ana Maria Brasil. Com isso, compreendemos que a comunidade terapêutica cristã foi pioneira nesse complexo atendimento humano.

As principais modalidades de atendimento são as oferecidas em clínicas de recuperação, comunidades terapêuticas e/ou centros de recuperação, além do serviço prestado pelo Poder Público.

Há diferenças entre essas modalidades que precisam ser apontadas para a adequação do encaminhamento ou mesmo para um melhor entendimento no caso de implantação de um serviço dessa natureza.

7.2.1 Clínica

A clínica de atendimento a dependentes químicos tem características hospitalares, com plantão médico e de enfermagem ininterrupto, sistema de monitoramento e segurança 24 horas para evitar fugas. Além disso, farmacêuticos, nutricionistas, psicólogos e terapeutas ocupacionais devem atuar no local, que só pode funcionar com o devido registro nos Conselhos Regionais de Medicina, de Enfermagem e de Farmácia. O local também precisa estar devidamente capacitado para receber internações involuntárias.

7.2.2 Comunidade terapêutica e centro de recuperação

A diferença entre centro de recuperação e comunidade terapêutica está apenas na denominação. A presença de médicos, psiquiatras, psicólogos e outros pode ocorrer nas duas modalidades. Algumas pessoas defendem que há diferença, mas ela não tem nenhuma base. Normalmente privados, sem fins lucrativos e financiados em parte pelo Poder Público, esses estabelecimentos oferecem atendimento gratuito ou com preços mais acessíveis aos usuários de substâncias psicoativas. A modalidade de internamento é integral, sendo que Goffman (2001, p. 11) intitula de *instituição total* "um local de residência e trabalho onde um grande número de indivíduos com situação semelhante, separados da sociedade mais ampla por considerável período de tempo, levam uma vida fechada e formalmente administrada". Os dois tipos de instituições podem aceitar ou não a internação involuntária, dependendo do quadro de profissionais com quem podem contar; os lugares que não contam com profissionais da saúde em tempo integral geralmente não aceitam essa modalidade. De acordo com documentos oficiais do governo, a adesão deve ser exclusivamente voluntária:

> São instituições abertas, de adesão exclusivamente voluntária, voltadas a pessoas que desejam e necessitam de um espaço protegido, em ambiente residencial, para auxiliar na recuperação da dependência à droga. O tempo de acolhimento pode durar até 12 meses. Durante esse período, os residentes devem manter seu tratamento na rede de

atenção psicossocial e demais serviços de saúde que se façam necessários. (Portal Brasil, 2015b)

Comumente oferecem tratamento entre pares, ou seja, pessoas com a mesma enfermidade (recuperação em álcool e drogas) convivem em ajuda mútua para a recuperação. Têm caráter diaconal, ou seja, de serviço, no qual um auxilia e cuida do outro. Pacheco e Scisleski (2013, p. 167) apontam que as comunidades terapêuticas recorrem a intervenções que buscam uma "espécie de cura pela fé, e não um projeto engajado com um tratamento profissional em saúde para os usuários". Além disso, não permitem qualquer contato entre o indivíduo internado e o mundo externo.

De acordo com as orientações da saúde pública para tal modalidade de tratamento, no momento da admissão do dependente químico, a comunidade terapêutica deve garantir:

- *o respeito à pessoa e à família, independentemente da etnia, credo religioso, ideologia, nacionalidade, orientação sexual, antecedentes criminais ou situação financeira;*
- *a orientação clara ao usuário e seu responsável sobre as normas e rotinas da instituição, incluindo critérios relativos a visitas e comunicação com familiares e amigos;*
- *a permanência voluntária;*
- *a vedação a qualquer forma de contenção física, isolamento ou restrição à liberdade;*
- *a possibilidade do usuário interromper a permanência a qualquer momento;*
- *a privacidade, quanto ao uso de vestuário próprio e de objetos pessoais.* (Porta Brasil, 2015b)

Outra questão que merece atenção e tem sido motivo de polêmica quando se trata de recuperação do uso e abuso da dependência química é a perspectiva do trabalho para a redução de danos *versus* a total abstinência. "Existem duas posturas básicas diante do problema do uso e abuso das substâncias psicoativas: a tradicional, ou 'guerra às drogas', e a redução de danos" (Moreira; Silveira; Andreoli, 2006, p. 809). A redução de danos constitui-se como estratégia que incentiva a busca por uma saúde possível para usuários de drogas e seus familiares, servindo como instrumento de luta pela garantia de seus direitos. Por ser um conjunto de medidas para minimizar os danos decorrentes do uso e abuso de drogas sem que haja, necessariamente, uma diminuição do consumo, tais ações têm como princípio o respeito à "liberdade de escolha", pois nem todos os usuários conseguem ou desejam abster-se do uso de drogas (Nardi; Rigoni, 2009, p. 382). As comunidades terapêuticas, em regra, optam por tratar a doença por meio da abstinência e, segundo Pacheco e Scisleski (2013, p. 170, grifo do original), tratam a dependência química "de forma radical, através do discurso da abstinência total e, mais do que isso, propõem uma espécie de *renúncia de si*". Algumas pessoas, dependentes de químicos, estão tão envolvidas ou simplesmente intoxicadas pelo uso de substâncias psicoativas que, sinceramente, imaginamos que já "renunciaram a si mesmas" e vivem alienadas pela alteração. Por esse motivo, o internamento involuntário ou compulsório, desde que em ambientes preparados, é uma proposta a ser analisada pelos líderes pastorais com os familiares.

A realidade de atendimento a essa questão de saúde pública, a da dependência química, tem sido transformada, mas é necessário o entendimento de que os modelos assistenciais, principalmente os centros de recuperação ou comunidades terapêuticas, precisam ser paramentados adequadamente, sob pena de não proporcionarem resultados eficazes a tão grave e complexo episódio, que é o abuso das substâncias psicoativas. Uma metáfora pode ajudar na compreensão dessa gravidade: alguém trataria um câncer com água e açúcar? Além disso, os transtornos decorrentes do consumo de álcool e drogas precisam contar com políticas específicas de prevenção e um tratamento de longa duração para a reabilitação.

Um programa criado nos Estados Unidos em 1935 (denominado *Programa de 12 Passos*), inicialmente para o tratamento do alcoolismo e adaptado para todos os tipos de dependência química ou compulsão, embora identificado po Schröder (2012) como discurso de autoajuda tem sido usado com eficácia, quando não exclui outras tantas terapêuticas associadas (Campos, 2005) nos atendimentos clínicos, ambulatoriais ou em centros terapêuticos.

7.2.3 Atendimento pelo Poder Público

Em termos de serviços públicos do governo federal, propostos aos municípios, além de projetos e programas sazonais, atualmente existem as unidades de saúde denominadas *Centros de Atenção Psicossocial Álcool e Drogas* – Caps AD 24 Horas. Trata-se de

> *um serviço específico para o cuidado, atenção integral e continuada às pessoas com necessidades em decorrência do uso de álcool, crack e outras drogas*
> *Os CAPS AD 24 horas realizam o acompanhamento clínico e reinserção social dos usuários pelo acesso ao trabalho, lazer, exercício dos direitos civis e fortalecimento dos laços familiares e comunitários.* (Portal Brasil, 2015a)

Um documento oficial, a Portaria n. 130, de 26 de janeiro de 2012, do Ministério da Saúde (Brasil, 2012), redefiniu o Caps: "também atendem aos usuários em seus momentos de crise, podendo oferecer acolhimento noturno por um período curto de dias. [...] Dispõe de equipe multiprofissional composta por médico psiquiatra, clínico geral, psicólogos, dentre outros" (Portal Brasil, 2015a). É importante que os líderes pastorais saibam como é ou como está o funcionamento do Caps em sua cidade ou Estado.

Com relação à parceria entre o Poder Público e a Igreja, o governo federal brasileiro, por meio da Secretaria Nacional de Políticas sobre Drogas (Senad), lançou um programa em forma de curso gratuito de 120 horas, na modalidade de educação a distância. Executado pela Unidade de Dependência de Drogas (Uded) do Departamento de Psicobiologia e pelo Departamento de Informática em Saúde (DIS) da Universidade Federal de São Paulo (Unifesp), o programa é denominado *Fé na Prevenção*. O curso "objetiva capacitar 15.000 (quinze mil) pessoas de todo o Brasil [...] para ações de prevenção do uso de drogas e outros comportamentos de risco, bem como na abordagem de situações que requeiram encaminhamento às redes de serviço" (Brasil, 2015a).

A publicação de um livreto (disponível *on-line*) pela Cisa (2013), intitulado *Como falar sobre uso de álcool com seus filhos*, apresenta uma abordagem muito clara e acessível, indicando como falar sobre o assunto com crianças e jovens de 8 a 18 anos, com sugestões específicas para cada idade.

7.3 Documentação necessária para o trabalho com dependência química

Reproduzimos na sequência o documento que orienta a implantação de espaços para os cuidados com o dependente químico no

Estado do Paraná, locais que dependem também da apresentação de alvarás e constituição jurídica específica, como se faz necessário em outros estabelecimentos.

Os requisitos de segurança sanitária para o atendimento à dependência química podem ser encontrados na Resolução – RDC n. 29, de 30 de julho de 2011 (Brasil, 2011), da Agência Nacional de Vigilância Sanitária (Anvisa).

7.3.1 Roteiro de inspeção de comunidades terapêuticas no Estado do Paraná

Com a apresentação do roteiro de inspeção de comunidades terapêuticas, nossa intenção é provocar a reflexão sobre o fato de que são muitas as exigências atuais para a abertura de comunidades terapêuticas, pois a dependência química é uma doença complexa, progressiva, incurável e fatal. Cada estado pode ter roteiros próprios e/ou exigências semelhantes às apresentadas a seguir. Sugerimos uma leitura atenta e reflexiva dos detalhes que compõem a inspeção, de modo a identificar as precauções necessárias durante o planejamento de comunidades ou espaços de atendimento a dependentes químicos e seus familiares.

Roteiro de inspeção – rede de comunidades terapêuticas do Paraná

PARANÁ
GOVERNO DO ESTADO

ROTEIRO DE INSPEÇÃO
REDE COMUNIDADES TERAPÊUTICAS

Base Legal:
RDC n° 29 DE 30/06/2011 ANVISA publicada DOU 01/07/2011
Lei Estadual – LE n° 13331/2001 regulamentada pelo Decreto Estadual n° 5711/2002
Portaria n° 518/2004 GM/MS
RDC n° 216/2004 ANVISA

CRITÉRIOS: Para avaliação dos itens do Roteiro de Inspeção	
IMPRESCINDÍVEL = I	Considera-se **Imprescindível (I)** aquele item que pode influir em grau crítico na qualidade dos serviços prestados e na saúde dos residentes. Para a liberação da Licença Sanitária, todos os itens Imprescindíveis deverão ser cumpridos.
NECESSÁRIO = N	Considera-se **Necessário (N)** aquele item que pode influir em grau menos crítico na qualidade dos serviços prestados e na saúde dos residentes. Deve ser solicitado ao estabelecimento o seu cumprimento, porém, não impede a liberação da Licença Sanitária.
INFORMATIVO = INF	Considera-se **Informativo (INF)** aquele item que representa dados necessários para o entendimento dos critérios de avaliação.

Crédito: Reprodução

PARANÁ
GOVERNO DO ESTADO

1. IDENTIFICAÇÃO DO ESTABELECIMENTO

Nome Fantasia	
Razão Social	
Data da inspeção / /	Registro SIMIVISA (Nº)
Alvará Validade / /	Licença Sanitária Validade / /
CNPJ	Inscrição Municipal
Município	UF
Bairro/Distrito	CEP
Telefone ( )	Fax ( )
Endereço	
E-mail	
Capacidade Total do Estabelecimento	Número de residentes
Infantil (<12) Nº	Adolescente (12-18) Nº	Adulto (>18) Nº
Mulheres Nº	Homens Nº
Tempo máximo de permanência	

Responsável técnico (nível superior da área de saúde ou Serviço Social com experiência em dependência química)
Profissão
Nº Conselho de Classe

Responsável técnico – Substituto (nível superior da área de saúde ou Serviço Social com experiência em dependência química)
Profissão
Nº Conselho de Classe

Responsável Legal

Crédito: Reprodução

Implantação de espaços de atendimento a dependentes químicos

PARANÁ
GOVERNO DO ESTADO

2. RECURSOS HUMANOS	Total		Com vínculo formal		Voluntários		Capacitados		Carga Horária	
*D – Diurno N - Noturno	D	N	D	N	D	N	D	N	D	N
NÍVEL SUPERIOR										
NÍVEL MÉDIO										
NÍVEL FUNDAMENTAL										

Crédito: Reprodução

Teologia social

3. GESTÃO DE PESSOAL (VISA)	Base Legal	SIM	NÃO	REQ
Possui Responsável Técnico de nível superior legalmente habilitado, bem como substituto com a mesma qualificação	RDC 29 Art 5°			I
Possui profissional que responda pelas questões operacionais durante o período de funcionamento (nível médio ou superior, podendo ser o Responsável Técnico).	RDC 29 Art 6°			I
Mantém recursos humanos em período integral, em número compatível com as atividades desenvolvidas.	RDC 29 Art 9°			I
Proporciona ações de capacitação à equipe, com registro	RDC 29 Art 10°			I

4. GERAL (VISA)	Base Legal	SIM	NÃO	REQ
As instalações estão regularizadas perante o poder público:	RDC 29 Art 11°			
✓ Alvará de funcionamento	RDC 29 Art 11°			I
✓ Licença Sanitária atualizada e visível ao público	RDC 29 Art 3°			
Setor Administrativo	RDC 29 Art 14° Inc III			
✓ Sala para acolhimento de residentes, familiares e visitantes	RDC 29 Inc IIIa			I
✓ Sanitário para funcionários (ambos os sexos)	RDC 29 Inc IIId			I

Crédito: Reprodução

Implantação de espaços de atendimento a dependentes químicos

5. CONDIÇÕES ORGANIZACIONAIS	Base legal	SIM	NÃO	REQ
Obs: *Fica vedada a admissão de pessoas cuja situação requeira a prestação de serviços de saúde não disponibilizados pela instituição.* RDC 29 Art 16º Parágrafo Único				
Documento atualizado com descrição das finalidades e atividades administrativas, técnicas e assistenciais da instituição (Plano de Cuidados Terapêuticos)	RDC 29 Art 4º			I
Possui ficha individual dos residentes com registro periódico do atendimento dispensado, e eventuais intercorrências clínicas observadas, acessíveis aos residentes e responsáveis	RDC 29 Art 7º caput e § 2º			I
Possui área para arquivo das fichas dos residentes	RDC 29 Art 14º Inc IIIc			I
Possui fichas individuais para atendimento dispensado e intercorrências clínicas	RDC 29 Art 7º			I
As fichas individuais dos residentes contemplam itens como:	RDC 29 Art 7º §1º			
✓ horário do despertar	RDC 29 Art 7º §1º Inc I			I
✓ atividade física e desportiva	RDC 29 Art 7º §1º Inc II			N
✓ atividade lúdico-terapêutica variada (tecelagem, pintura, teatro, entre outros)	RDC 29 Art 7º §1º Inc III			N
✓ Atendimento em grupo e individual	RDC 29 Art 7º §1º Inc IV			I
✓ atividade que promova o conhecimento sobre a dependência de substâncias psicoativas	RDC 29 Art 7º §1º Inc V			N
✓ atividade que promova o desenvolvimento interior (Yoga, Cantos, textos reflexivos, entre outros)	RDC 29 Art 7º §1º Inc VI			N
✓ registro de atendimento médico, quando houver	RDC 29 Art 7º §1º Inc VII			I
✓ atendimento em grupo coordenado por membro da equipe	RDC 29 Art. 7º §1º Inc VIII			I
✓ participação na rotina de limpeza, organização, cozinha, horta, e outros	RDC 29 Art 7º §1º Inc IX			N
✓ atividades de estudos para alfabetização e profissionalização	RDC 29 Art 7º §1º Inc X			N
✓ atendimento à família durante o período de tratamento	RDC 29 Art 7º §1º Inc XI			I
✓ tempo previsto de permanência do residente na instituição	RDC 29 Art 7º §1º Inc XII			I
✓ atividades visando a reinserção social do residente	RDC 29 Art 7º §1º Inc XIII			N
✓ avaliação inicial	RDC 29 Art 16			I

Crédito: Reprodução

São adotados critérios para alta terapêutica, desistência (alta a pedido), desligamento (alta administrativa), desligamento em caso de mandato judicial e evasão (fuga), registrados na ficha individual do residente com comunicação da família ou responsável	RDC 29 Art 21° Inc I a V e Parág Único			I
Fazem referência à rede de saúde quando os residentes apresentam intercorrências associadas ou não ao uso ou privação de SPA, com indicação dos serviços de atenção integral aos residentes	RDC 29 Art 8° e 22°			I
É garantido pelo estabelecimento:	RDC 29 Art 19° e 20°			
✓ O respeito à pessoa e à família, independente da etnia, credo religioso, ideologia, nacionalidade, orientação sexual, antecedentes criminais ou situação financeira	RDC 29 Art 19° Inc I			
✓ Dispõe de normas e rotinas referentes às visitas e comunicação com familiares e amigos (deverá ser assinada concordância na admissão, mesmo em caso de mandado judicial) com orientação clara ao usuário e seu responsável	RDC 29 Art 19° Inc II			I
✓ A permanência voluntária	RDC 29 Art 19° Inc III			
✓ Possibilidade de interrupção do tratamento a qualquer momento, resguardadas as exceções de risco imediato de vida para si e para terceiros ou de intoxicação por SPA, avaliadas e documentadas por profissional médico	RDC 29 Art 19° Inc IV			I
✓ Que a divulgação de informação a respeito de pessoa, ocorra somente mediante autorização por escrito pela pessoa ou responsável	RDC 29 Art 19° Inc V			I
✓ O cuidado com o bem estar físico e psíquico da pessoa, proporcionando um ambiente livre de SPA e violência	RDC 29 Art 20° Inc I			
✓ É preservado o direito a cidadania dos residentes e proibição de castigos físicos, psíquicos e/ou morais	RDC 29 Art 20° Inc II e IV			I
✓ A manutenção de tratamento de saúde do residente	RDC 29 Art 20° Inc V			

Crédito: Reprodução

Implantação de espaços de atendimento a dependentes químicos

PARANÁ
GOVERNO DO ESTADO

6. GESTÃO DE INFRAESTRUTURA (VISA) *Manter instalações físicas dos ambientes externos e internos em boas condições de conservação, segurança, organização, conforto e limpeza:* RDC 29/11 Art. 12º e DEC EST. 5.711/02	Base legal	SIM	NÃO	REQ
Piso, teto, paredes, mobiliários íntegros e de fácil limpeza	RDC 29 Art 12º			I
Ambientes limpos e organizados	RDC 29 Art 12º			I
Boa ventilação	DEC EST. 5.711/02 Art 454 Inc I a VIII			I
Boa iluminação	DEC EST. 5.711/02 Art 454 Inc I a VIII			I
Sistema elétrico com condições de segurança	DEC EST. 5.711/02 Art 454 Inc I a VIII			N
Ausência de infiltrações e mofos	RDC 29 Art 12º			N
O estabelecimento realiza controle de vetores e pragas urbanas. OBS. Os estabelecimentos que necessitem utilizar desinfestantes domissanitários deverão contratar empresa especializada devidamente licenciada (Licença Sanitária e Ambiental vigentes).	DEC EST. 5.711/02 Art 320, 329 Parág único			N
7. ÁGUA (VISA) *Garantir a qualidade da água para o seu funcionamento, caso não disponha de abastecimento público* RDC 29/11 Art. 13º	Base Legal	SIM	NÃO	REQ
Abastecimento de água - Rede pública	DEC EST. 5.711/02 Art 178			INF
Abastecimento de água - Poço artesiano: Com proteção e atendimento da Portaria 518/04 em relação à freqüência e análises de água (controle diário de cloro, laudo de análise mensal de cor, pH, turbidez e microbiológico).	Port MS 518/04			I
Realiza desinfecção da água do poço artesiano	DEC EST. 5.711/02 Art183 Inc.III			I
Possui reservatório de água, devidamente tampado, com acesso restrito para limpeza e manutenção	DEC EST. 5.711/02 Art 188 Inc I			N
Limpeza e desinfecção dos reservatórios de água (semestral)	DEC EST. 5.711/02 Art 188 Inc VII			N

Crédito: Reprodução

PARANÁ
GOVERNO DO ESTADO

8. ALOJAMENTO (VISA) RDC 29/11	Base Legal	SIM	NÃO	REQ
Possui acomodações individuais e espaço para guarda de roupas e de pertences com dimensionamento compatível com o número de residentes e com área que permita a livre circulação	RDC 29 Art 14º Inc I a			I
Banheiro para residentes dotado de bacia, lavatório e chuveiro com dimensionamento compatível com o número de residentes (mínimo de 01 bacia para cada 06 residentes e 01 chuveiro para cada 10 residentes)	RDC 29 Art 14º Inc Ib			I
Portas dos ambientes de uso dos residentes com travamento simples, sem o uso de trancas ou chaves	RDC 29 Art 15			I
9. SETOR DE REABILITAÇÃO E CONVIVÊNCIA (VISA) Estes ambientes podem ser compartilhados para as diversas atividades e usos: RDC 29/11 Art 14º Inc II § 1º	Base Legal	SIM	NÃO	REQ
Sala de atendimento individual	RDC 29 Art 14º Inc II a			I
Sala de atendimento coletivo	RDC 29 Art 14º Inc II b			I
Área para realização de oficinas de trabalho	RDC 29 Art 14º Inc II c			N
Área para realização de atividades laborais	RDC 29 Art 14º Inc II d			N
Área para prática de atividades desportivas	RDC 29 Art 14º Inc II e			N
São adotadas medidas que promovam a acessibilidade às pessoas com necessidades especiais OBS.: O local quando não tiver estrutura específica, planejada para o uso de pessoas com necessidades especiais, deve apresentar rotina escrita descrevendo alternativa que possibilite acessibilidade do indivíduo em todas as atividades que compõem o Plano de Cuidados Terapêuticos.	RDC 29 Art 14º § 2º			I

Crédito: Reprodução

PARANÁ
GOVERNO DO ESTADO

10. SETOR DE APOIO LOGÍSTICO (VISA) RDC 29/11 Art. 14° Inc IV	Base Legal	SIM	NÃO	REQ
Possui cozinha coletiva	RDC 29 Art 14° Inc IV a			N
✓ Cozinha limpa, organizada e com utensílios higienizados	RDC 216 Item 4.1.1, 4.2.4 e 4.2.6			I
✓ O estabelecimento garante alimentação nutritiva (equilibrada e adequada às necessidades do indivíduo, inclusive aqueles com restrições alimentares, com no mínimo três refeições: café da manhã, almoço e jantar).	RDC 29 Art 20° Inc III			I
✓ Os alimentos estão dentro do prazo de validade, identificados e bem acondicionados.	RDC 216 Item 4.7.5 e 4.7.6			I
✓ Possui refeitório	RDC 29 Art 14° Inc IVb			N
Possui lavanderia coletiva	RDC 29 Art. 14° Inc IVc			I
✓ Recepção/armazenagem de roupa suja	DEC EST. 5.711/02 Art 454 Inc IV			N
✓ Área de lavagem e secagem separadas por barreira física ou técnica	DEC EST. 5.711/02 Art 454 Inc IV			N
✓ Área para armazenagem de roupa limpa	DEC EST. 5.711/02 Art 454 Inc IV			N
✓ Uso de EPI's (luvas de borracha, avental e botas) pelo funcionário/residente	DEC EST. 5.711/02 Art 454			N
Possui almoxarifado (organizado e limpo)	RDC29 Art 14° Inc IVd			I
Possui área para depósito de material de limpeza	RDC29 Art 14° Inc IVe			I
Possui Abrigo de resíduos sólidos (lixo)	RDC29 Art 14° Inc IVf			
✓ Uso de luvas de borracha pelo funcionário/residente	DEC EST. 5.711/02 Art 34 Paragr. único			N
✓ Abrigo de resíduos sólidos (lixo), limpo e organizado	DEC EST. 5.711/02 Art 219, 223 e 227			I
11. MEDICAMENTOS (VISA) RDC 29/11 Art. 17°	Base Legal	SIM	NÃO	REQ
O responsável técnico assume a responsabilidade pela administração e guarda de medicamentos em uso pelos residentes (individualizados em armário com chaves)	RDC29 Art 17°			I
Medicação fica acondicionada junto com a prescrição médica e identificada com o nome do residente	RDC29 Art 17°			I

OBS.: Os Serviços não vinculados à Rede de Comunidades Terapêuticas, que possuam procedimentos de desintoxicação e tratamento de residentes que necessitam de medicamentos a base de substâncias entorpecentes e/ou psicotrópicos e outras de controle especial, estarão submetidos à Portaria SVS/MS 344/98 – Regulamento Técnico sobre substâncias e medicamentos sujeitos a controle especial.

Crédito: Reprodução

PARANÁ
GOVERNO DO ESTADO

- Data da Inspeção:
- Medidas Adotadas:
- Observações:

12. Equipe de Inspeção

Nome do Inspetor	Credencial	Assinatura

Equipe de Estruturação e Colaboração do Roteiro de Inspeção

Secretaria Municipal de Saúde do Município de Curitiba
Lucinéia Cristina Bencke de Macedo Lino – Vigilância Sanitária
Rosimar Spricigo - Vigilância Sanitária
Rosana Rolim Zappe - Vigilância Sanitária
Luiz Antonio Bittencourt Teixeira - Vigilância Sanitária
Anna Boiczuck Rego - Vigilância Sanitária
Lúcia Izabel Araújo - Vigilância Ambiental
Cristiane Venetikides – Saúde Mental
Adriane Wolmann - Saúde Mental

Secretaria de Estado da Saúde do Paraná
Sezifredo Alves Paz – Superintendência de Vigilância em Saúde
Paulo Costa Santana – Departamento de Vigilância Sanitária
Mirna Beatriz Müller – Departamento de Vigilância Sanitária
Ana Maria Perito Manzochi - Departamento de Vigilância Sanitária
Débora C. Larcher de Carvalho – Divisão de Saúde Mental
Débora Guelfi Wairich - Divisão de Saúde Mental
Rejane C. Teixeira Tabuti - Divisão de Saúde Mental
Larissa Sayuri Yamaguchi - Divisão de Saúde Mental
Maristela Costa Souza - Divisão de Saúde Mental

Crédito: Reprodução

Grupo Técnico de Vigilância e Promoção da Saúde da CIB-PR
Márcio A. Porfirio da Silva – Secretaria Municipal de Saúde de Londrina
Rosângela Treichel – Secretaria Municipal de Saúde de Maringá
Giovana Bruckmann - Secretaria Municipal de Saúde de Matelândia
Wagner Mancuso – Secretaria Municipal de Saúde de Japira
Maria de Brito Lô Sarze - Secretaria Municipal de Saúde de Cambé
Fernando Pedrotti - Secretaria Municipal de Saúde de Guarapuava

Demais Instituições
Marcos Pinheiro – COMPACTA
Rechier Alexandre Sudário – CT Missão Shalon
Angelita Izabel da Silva – Secretaria Municipal Antidrogas de Curitiba
Márcia Steil – Fundação de Ação Social da Prefeitura Municipal de Curitiba

Crédito: Reprodução

Fonte: Paraná, 2015.

7.4 Comunidade terapêutica e dependência química

Apresentamos algumas considerações de Elena Goti, citada por Rocha (2011, p. 139), sobre a abordagem da comunidade terapêutica para a dependência química:

> *Deve ser aceita voluntariamente [diferentemente da clínica, que pode receber internamentos involuntários];*
> *Não se destina a todo tipo de dependente (isto ressalta a importância fundamental da Triagem como início do processo terapêutico. Muitas vezes algumas CTs, através de suas equipes, se sentem onipotentes e "adoecem" acreditando que se o residente não quiser ficar na CT é porque*

não quer recuperação. Não consideram que o residente tem o direito de escolher como e onde quer se tratar);
Deve reproduzir, o melhor possível, a realidade exterior para facilitar a reinserção;
Modelo de tratamento residencial;
Meio alternativo estruturado;
Atua através de um sistema de pressões artificialmente provocadas;
Estimula a explicação da patologia do residente, frente a seus pares;
Os pares servem de espelho para a consequência social de seus atos;
Há um clima de tensão afetiva;
O residente é o principal ator de seu tratamento. A equipe oferece, apenas, apoio e ajuda.

7.5 Princípios para a eficácia do tratamento

Antes de abordarmos o tratamento da dependência química, é imprescindível que façamos uma reflexão para compreender os principais motivos que induzem pessoas de todas as idades, classes socioeconômicas e referências culturais a usar e abusar de álcool e drogas: aumento do prazer e uma falsa sensação de conseguir "enfrentar" ou esquecer dores emocionais e sentimentos desconfortáveis (Bernardo, 2015).

Diante disso, podemos assegurar que alguns princípios devem ser considerados para a efetividade do tratamento, apontados pelo National Institute on Drug Abuse (Nida) do National Institute of Health (NIH-USA):

....

1. Não há um tratamento único que seja apropriado para todos.
2. O tratamento deve estar sempre disponível.
3. O tratamento efetivo deve contemplar as várias necessidades da pessoa, não somente o uso de drogas.
4. O plano de tratamento deve ser continuamente avaliado e, se for o caso, modificado para assegurar que se mantenha atualizado com as mudanças das necessidades das pessoas.
5. É importante que o paciente permaneça durante um período adequado de tempo no tratamento.
6. O aconselhamento (individual e/ou em grupo) e outros tipos de psicoterapias comportamentais são componentes indispensáveis de um tratamento efetivo para a dependência.
7. Para muitos pacientes, os medicamentos são um elemento importante do tratamento, especialmente quando combinados com os diferentes tipos de terapia.
8. No caso de indivíduos com problemas de dependência ou abuso de drogas que, ao mesmo tempo, apresentam outros transtornos mentais, deve-se tratar os dois problemas de maneira integrada.
9. A desintoxicação médica é apenas a primeira etapa do tratamento para a dependência e, por si só, pouca faz para modificar o uso de drogas em longo prazo.
10. O tratamento não precisa ser voluntário para ser efetivo.
11. O uso de drogas durante o tratamento deve ser supervisionado constantemente.
12. Os programas de tratamento devem incluir exames para HIV/Aids, hepatites B e C, tuberculose e outras enfermidades infecciosas, conjuntamente com a terapia necessária para ajudar os pacientes a modificar ou substituir os comportamentos que colocam a si e aos outros em risco de serem infectados.

....

···
13. A recuperação da dependência quimíca tende a ser um processo de longo prazo e frequentemente requer várias tentativas de tratamento.
···

Fonte: Adaptado de Obid, 2015.

A intenção de implantar espaços destinados à recuperação da dependência química, além de contar com a ajuda de Deus, precisa vir acompanhada do suporte na competência dos envolvidos nessa tarefa, por se tratar de um processo longo e repleto de detalhes: recuperar um ser humano requer seriedade e compromisso.

7.6 Cuidados pastorais no processo de recuperação de dependentes químicos

Na atuação de líder pastoral, estão previstos problemas de toda ordem (financeiros, familiares, de saúde, políticos, de relacionamentos etc.). Felizmente, diante de tantas tragédias, são vividas incontáveis vitórias também. Nessa lista interminável de problemas relativos à vida humana, encontramos o enfrentamento das questões relacionadas à dependência química, junto aos adictos, seus familiares e comunidades.

Esse auxílio diferencial, que aponta caminhos e pode significar o apoio necessário para encontrar soluções, deve ser indissociável da decisão de atuar como líder pastoral, principalmente com relação à realidade da dependência química. Apresentamos na sequência algumas questões para nortear reflexões teóricas e práticas sobre esse assunto, tão relevante em tempos pós-contemporâneos.

7.6.1 Alguns transtornos associados à dependência química

A sociedade não tem pleno conhecimento de que a dependência química é uma doença muito complexa, destrutiva, progressiva, incurável, crônica e fatal. Reconhecida pela OMS sob o código CID-10 (categorias F10 a F19), tem consequências imprevisíveis, mas um tratamento previsível.

Para entendermos um pouco dessa enfermidade complexa, é importante pesquisarmos os possíveis transtornos provocados por essa pandemia, que tem assolado o Brasil e o mundo, no *Manual diagnóstico e estatístico de transtornos mentais* (4ª edição; DSM-IV), da Associação Americana de Psiquiatria, e na *Classificação Estatística Internacional de Doenças e Problemas Relacionados à Saúde* – CID-10 (10ª edição), da OMS, que são as referências mais comumente empregadas para o diagnóstico dos transtornos relacionados ao uso de substâncias.

Nessa pesquisa, precisamos atentar para os transtornos mentais e comportamentais em consequência do uso de álcool, opiáceos, canabinoides, sedativos e hipnóticos, cocaína, outros estimulantes, inclusive a cafeína, alucinógenos, fumo, solventes voláteis, múltiplas drogas e uso de outras substâncias psicoativas. Conforme a CID-10 (OMS, 2015), esses transtornos são subdivididos em:

- intoxicação aguda;
- uso nocivo para saúde;
- síndrome de dependência;
- síndrome (estado de abstinência);
- síndrome de abstinência com *delirium*;
- transtorno psicótico;
- síndrome de amnésia;

- transtorno psicótico residual ou instalação tardia;
- outros transtornos mentais ou comportamentais;
- transtorno mental ou comportamental não especificado.

7.6.2 Rede social/familiar e codependência

Nesta seção, vamos tratar de alguns detalhes relativos ao envolvimento com álcool e drogas que passam despercebidos em virtude da desinformação, impedindo que se desenvolvam ações eficazes. Vamos refletir principalmente sobre como o pastor e os líderes podem agir de modo a prestar cuidados quando se deparam com membros ou familiares que estão enfrentando tal situação.

O uso e abuso de drogas e a dependência química comprometem a pessoa, seus projetos de vida e todo o sistema familiar. O desgaste decorrente desse comportamento, que se inicia voluntariamente e depois se torna uma doença, é parecido com o desgaste sofrido em consequência de outras enfermidades, mas muito mais intenso e envolvente. Costuma-se prever um período de dois a três anos para a completa desintoxicação e retomada total da vida pelo dependente químico. O pastor ou o líder que pretende entrar nesse cuidado e nessa relação de ajuda precisa estar munido de informações, por se tratar de uma doença que afeta principalmente o comportamento do próprio adicto e de seus familiares, denominados *codependentes*.

Estima-se que um adicto causa problemas impactantes a aproximadamente **20 pessoas de sua convivência**.

As atitudes (permissiva, tolerante, compreensiva etc.) do codependente não ajudam o dependente a melhorar, pelo contrário, reforçam seu comportamento patológico de uso e abuso de substâncias psicoativas.

Algumas das características do codependente, segundo o livro *Codependência nunca mais* (Beattie, 2015, p. 54), são:

> Considerar-se e sentir-se responsável por outra(s) pessoas(s) – pelos sentimentos, pensamentos, ações, escolhas, desejos, necessidades, bem-estar, falta de bem-estar e até pelo destino dessa(s) pessoa(s).
> Sentir ansiedade, pena e culpa quando a outra pessoa tem um problema.
> Sentir-se compelido – quase forçado – a ajudar aquela pessoa a resolver o problema, seja dando conselhos que não foram pedidos, oferecendo uma série de sugestões ou equilibrando emoções.
> Ter raiva quando sua ajuda não é eficiente.
> Comprometer-se demais.
> Culpar outras pessoas pela situação em que ele mesmo está.
> Dizer que outras pessoas fazem com que se sinta da maneira que se sente.
> Achar que a outra pessoa o está levando à loucura.
> Sentir raiva, sentir-se vítima, achar que está sendo usado e que não sente que está sendo apreciado.
> Achar que não é bom o bastante.
> Contentar-se apenas em ser necessário a outros.

A codependência é considerada uma doença mental e, às vezes, tão triste quanto a própria dependência química, por isso é importante orientar e acompanhar a família.

O líder pastoral e sua rede precisam buscar informações, formas de prevenção e tratamento para enfrentar tal situação (sim, é uma guerra), que, em geral, traz muita indignação e perplexidade e causa vários julgamentos precipitados pelo desconhecimento de que se trata de uma doença.

Bernardo (2015) aponta a importância da família na tarefa de motivar o dependente químico para o tratamento. Afirma, porém, que tentativas meramente emocionais ou calcadas em chantagem para que o dependente químico se renda ao tratamento não surtirão efeito algum. Uma das formas de a família atrapalhar esse processo é facilitando ao dependente a continuidade do uso e abuso das substâncias psicoativas. Outro passo de extrema urgência, segundo a autora, é que os familiares reconheçam a própria condição de codependência, pois podem estar profundamente afetados pela situação e, assim, tornam-se disfuncionais para a recuperação do dependente. A família precisa se conscientizar de que ela não causa, não controla e não cura a dependência química.

Ao se depararem com esse tipo de situação, algumas das reações mais comuns entre os familiares são:

- sentir culpa, culpa, culpa;
- brigar com o adicto todos os dias, na tentativa de tirá-lo dessa situação;
- falar com os amigos e alguns pais de amigos do adicto;
- rastrear toda a rede social, os *e-mails* e os celulares do adicto;
- julgar e condenar todos os envolvidos nessa rede;
- promover proibições e castigos;
- ter vontade de bater nos traficantes (palavras de uma mãe de dependente de substâncias psicoativas – SPA).

Esses e outros comportamentos denotam que algumas famílias não dispõem de informações imprescindíveis para lidar com a situação.

Portanto, de nada resolve o pastor ou o líder tentar ajudar apenas com conselhos ao dependente (uma vez que ele está intoxicado e não pode recebê-los e muito menos entendê-los). É preciso tentar fazer a família compreender a seriedade da situação para tomar providências. Para isso, é interessante conhecer as possibilidades de tratamento e ter a maior quantidade possível de informações.

Segundo Kübler-Ross (1996), ao passar por uma situação de perda ou luto (mesmo que não se trate de morte, nesse caso a dependência química), a família passa pelas seguintes fases, demorando mais em algumas, o que pode retardar as providências necessárias:

1. Negação e isolamento
   - Pensamento de que a situação não é verdade, que vai passar.
   - Demora da percepção de que se trata de uma doença.
2. Raiva
   - Fase de revolta, ressentimento.
3. Negociação ou barganha
   - Tentativas frustradas de negociar com a realidade.
4. Depressão/luto
   - Sofrimento profundo, tristeza, desesperança.
5. Aceitação
   - Enfrentamento da situação.

Uma prática cristã nessa área implica o entendimento de que, além dos valores advindos da Palavra de Deus, é preciso respeitar a complexidade da doença, acompanhando as indicações do tratamento médico e promovendo o entendimento integral da pessoa como um ser biopsicossocial e espiritual. Em outras palavras, é preciso conciliar os saberes naturais (da ciência) com os sobrenaturais que acontecerão durante o processo de recuperação da pessoa e dos familiares.

Nesse processo de recuperação, a família é convocada a participar e a ser tratada (por que não?). É essencial que todos participem intensamente (de preferência, todos os membros da casa) de todo o processo para a eficácia do resultado.

É importante que a família entenda que:

- a doença, aos poucos, vai distorcendo o caráter do dependente e adoecendo também os que estão à sua volta;
- não deve abandonar o paciente depois de interná-lo, muito menos assumir o tratamento para si, partilhando as responsabilidades da recuperação;
- deve participar de todas as reuniões e propostas do espaço onde está sendo realizado o tratamento (Amor Exigente, Grupo de Apoio, Alcoólicos Anônimos, Nar-Anon, Naranon e outros programas sérios que existem na área);
- é fundamental acompanhar bem de perto o processo de recuperação;
- revestir-se da verdade para enfrentar o tratamento é uma forma eficaz de chegar à recuperação e à abstinência;
- é preciso ouvir e cumprir combinados feitos com a equipe que está cuidando do caso (médicos, psicólogos e pastores), considerando que essa equipe, em geral, não está envolvida emocionalmente com a situação e pode ajudar mais do que imagina;
- é necessário realizar uma autoavaliação constante, identificando em que grau os comportamentos codependentes estão afetando o tratamento (negação, autoestima, conformidade, controle etc.);
- não deve remediar as situações que o dependente químico vai criando e deixando para trás (pagar as contas, fingir que não está vendo, cobrir cheques sem fundos, inventar justificativas para o uso de drogas, protegê-lo das consequências de seus atos sob o efeito de álcool ou drogas etc.);
- deve evitar mergulhar e perder-se na doença do dependente químico;

- à medida que o dependente químico for se recuperando, é necessário deixá-lo assumir o controle da sua vida.

Uma ajuda sempre bem-vinda nesses casos e que pode ser usada em outras situações também é descobrir a rede social (não virtual, mas de apoio) de que a pessoa e os familiares participam e com quem eles podem contar para ajudá-los, acompanhá-los ou mesmo orientá-los, além das pessoas da família e da igreja, considerando-se que o princípio básico do tratamento utilizado por algumas clínicas é:

- mudança de hábitos;
- mudança de pessoas;
- mudança de ambientes.

Sem esses procedimentos, o dependente químico torna-se muito suscetível a recaídas.

E se o paciente tiver uma recaída? Se voltar a usar álcool e drogas? É preciso estabelecer **limites** claros para o paciente, interná-lo novamente, passar a responsabilidade para ele e sempre manter a **esperança**.

Apresentamos a seguir uma sugestão sobre como proceder para descobrir a rede de pessoas que pretendem e podem acompanhar o paciente no processo de recuperação. Uma rápida entrevista com a família pode trazer informações sobre a rede social (não virtual) "as pessoas com que podemos contar". Sluzki (1997, p. 15) define *rede social* ou *de apoio* como um " conjunto de seres com quem interagimos de maneira regular, com quem conversamos, com quem trocamos sinais que nos corporizam, que nos tornam reais". Ao fazer tal afirmação, a vivência nas redes é agregada à própria constituição da identidade pessoal de cada um de nós.

Figura 7.1 – Mapa para delimitar a rede social

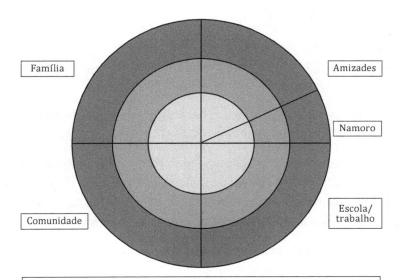

Vamos começar preenchendo um **"mapa da sua rede social"**.
- Nesse mapa, você vai colocar as pessoas significativas da sua rede social.
- Cada pessoa será representada da seguinte forma: por um **círculo**, se for do sexo feminino, e por um **quadrado**, se for do sexo masculino. Não precisa colocar nomes.
- Para colocar as pessoas no mapa, existem algumas **regras** que você deve seguir:
  I. Você está localizado no centro do desenho.
  II. No círculo mais interno represente as pessoas mais íntimas, de sua maior confiança.
  III. No círculo do meio, represente as pessoas importantes para você, mas que não estão tão próximas.
  IV. No círculo externo, coloque as pessoas que você considera que fazem parte das suas relações, mas que não são tão importantes ou que estão mais distantes de você neste momento de sua vida.
  V. Observe que os círculos são divididos em **quatro partes**, cada uma correspondendo a uma área da sua vida: a **família**, a **comunidade** a **escola**, e as **amizades** ou **namoro**.

Fonte: Adaptado de Santos, 2006, p. 74.

Atividades de aprendizagem

Questões para reflexão

1. De acordo com o texto deste capítulo, o que o pastor não pode desconsiderar ao acompanhar uma pessoa e sua família em um processo de recuperação da dependência química?

2. Qual é a sua opinião sobre a premissa "o tratamento não precisa ser voluntário para ser efetivo"?

3. Faça uma pesquisa sobre o significado de *codependência*, em relação à família de um dependente químico. Além de outras fontes, busque informações nas obras *Quero meu filho de volta* e *Quero minha vida de volta*, de Pr. Carlos Barcelos.

4. Qual é a importância de o líder ou pastor conhecer a longa lista de transtornos causados pelo abuso de álcool e drogas?

5. O que é uma rede de apoio?

6. Em quais casos você indicaria para a família o internamento da pessoa que está fazendo uso de álcool e drogas?

7. Assista ao filme *Às vezes o amor não é o bastante* (*The Lois Wilson History*), baseado na história de Lois Wilson, cofundadora do Al-Anon, e seu marido, Bill Wilson, cofundador de Alcoólicos Anônimos. Apresente um resumo com impressões pessoais da obra.
ÀS VEZES o amor não é o bastante. Direção: John Kent Harrison. EUA/Canadá, 2010. 95 min.

considerações finais

Ao término de uma obra, é inevitável fazer uma reflexão e retomar a proposta inicial: será que esta oportunidade ímpar, como uma cortina entreaberta, pode revelar algumas nuances, garantindo um tímido início de uma caminhada longa de aprofundamento e o despertar da curiosidade necessária para desvelar outras nuances sobre os temas abordados e as lacunas aqui deixadas?

Assuntos complexos e vastos, como todo conhecimento humano, são condensados em poucas linhas e poucas horas de exploração, em virtude do cronograma dos dias da pós-contemporaneidade, sempre apertado e sucinto. Neste trecho de sua caminhada acadêmica, voltamos a recomendar: é necessário quebrar barreiras internas e externas para aventurar-se no exercício existencial de reflexão pessoal e ministerial e levar à prática algumas revelações da teoria sobre a promoção da vida por meio da diaconia exercida com competência, mediante projetos comunitários que atendam efetivamente ao que a localidade necessita, da capelania focada na escuta e no modelo de Cristo e de ações eficazes e assertivas para o tratamento da doença da dependência química, de modo a desenvolver a vida e, por que não dizer, promover a recuperação dos que perderam a esperança (adictos e seus familiares).

Sobre os conhecimentos aqui esboçados, mas imprescindíveis aos líderes pastorais, recomendamos o que Pedro escreve:

> *"Por isso mesmo, vós, reunindo toda a vossa diligência, associai com a vossa fé a virtude; com a virtude, o conhecimento; com o conhecimento, o domínio próprio; com o domínio próprio, a perseverança; com a perseverança, a piedade; com a piedade, a fraternidade; com a fraternidade, o amor.*
>
> II Pedro, 1: 5-7

referências

AMMANN, S. B. **Ideologia do desenvolvimento comunitário no Brasil**. São Paulo: Cortez, 1981.

ARMANI, D. **Como elaborar projetos?** Guia prático para a elaboração e gestão de projetos sociais. Porto Alegre: Tomo, 2002. (Coleção Amencar).

ASTORE, D. **Diaconia e missão em contexto de periferia**: o desafio da cidadania na comunidade de Bico do Urubu. São Leopoldo: EST/PPG, 2010.

BARCELOS, C. **É dolorido ser eu**: caminhos para recuperação de filhos de famílias disfuncionais. São Paulo: Alphaconteúdos, 2014.

____. **Quero meu filho de volta**. São Paulo: Gente, 2000.

____. **Quero minha vida de volta**. São Paulo: Ibmorumbi, 2006.

BARTLE, P. **Planejamento, monitoramento e implementação**: integração do monitoramento em todas as fases. Tradução de Deborah Almeida Nogueira. 1. dez. 2011. Disponível em: <http://cec.vcn.bc.ca/mpfc/modules/mon-impp.htm>. Acesso em: 10 mar. 2015.

BEATTIE, M. **Codependência nunca mais**: pare de controlar os outros e cuide de você mesmo. Tradução de Marília Braga. 3. ed. São Paulo: Viva Livros, 2015.

BERNARDO, M. H. **O que é independência química**. Disponível em: <http://www.condeq.com.br/download/oqueedependencia quimica/volume01_ed01.pdf>. Acesso em: 10 mar. 2015.

BÍBLIA. Português. **Bíblia Online**. Tradução de Almeida corrigida e revisada, fiel ao texto original. Disponível em: <http://www.bibliaonline.com.br/acf>. Acesso em: 12 mar. 2015.

BÍBLIA (Novo Testamento). I Coríntios. Português. **Bíblia Online**. Tradução de Almeida corrigida e revisada, fiel ao texto original. cap. 3, vers. 1-23. Disponível em: <https://www.bibliaonline.com.br/acf/1co/3>. Acesso em: 31 maio 2015.

_____. I Coríntios. Português. **Bíblia Online**. Tradução de Almeida corrigida e revisada, fiel ao texto original. cap. 10, vers. 1-33. Disponível em: <https://www.bibliaonline.com.br/acf/1co/10>. Acesso em: 31 maio 2015.

_____. I Coríntios. Português. **Bíblia Online**. Tradução de Almeida corrigida e revisada, fiel ao texto original. cap. 12, vers. 1-31. Disponível em: <https://www.bibliaonline.com.br/acf/1co/12>. Acesso em: 31 maio 2015.

_____. I João. Português. **Bíblia Online**. Tradução de Almeida corrigida e revisada, fiel ao texto original. cap. 1, vers. 1-10. Disponível em: <https://www.bibliaonline.com.br/acf/1jo/1>. Acesso em: 31 maio 2015.

_____. I João. Português. **Bíblia Online**. Tradução de Almeida corrigida e revisada, fiel ao texto original. cap. 4, vers. 1-21. Disponível em: <https://www.bibliaonline.com.br/acf/1jo/4>. Acesso em: 31 maio 2015.

BÍBLIA (Novo Testamento). I Pedro. Português. **Bíblia Online**. Tradução de Almeida corrigida e revisada, fiel ao texto original. cap. 4, vers. 1-19. Disponível em: <https://www.bibliaonline.com.br/acf/1pe/4>. Acesso em: 31 maio 2015.

____. I Timóteo. Português. **Bíblia Online**. Tradução de Almeida corrigida e revisada, fiel ao texto original. cap. 3, vers. 1-16. Disponível em: <https://www.bibliaonline.com.br/acf/1tm/3>. Acesso em: 31 maio 2015.

____. I Timóteo. Português. **Bíblia Online**. Tradução de Almeida corrigida e revisada, fiel ao texto original. cap. 5, vers. 1-25. Disponível em: <https://www.bibliaonline.com.br/acf/1tm/5>. Acesso em: 31 maio 2015.

____. Atos. Português. **Bíblia Online**. Tradução de Almeida corrigida e revisada, fiel ao texto original. cap. 2, vers. 1-47. Disponível em: <https://www.bibliaonline.com.br/acf/atos/2>. Acesso em: 31 maio 2015.

____. Atos. Português. **Bíblia Online**. Tradução de Almeida corrigida e revisada, fiel ao texto original. cap. 4, vers. 1-37. Disponível em: <https://www.bibliaonline.com.br/acf/atos/4>. Acesso em: 31 maio 2015.

____. Atos. Português. **Bíblia Online**. Tradução de Almeida corrigida e revisada, fiel ao texto original. cap. 6, vers. 1-15. Disponível em: <https://www.bibliaonline.com.br/acf/atos/6>. Acesso em: 31 maio 2015.

____. Colossenses. Português. **Bíblia Online**. Tradução de Almeida corrigida e revisada, fiel ao texto original. cap. 3, vers. 1-25. Disponível em: <https://www.bibliaonline.com.br/acf/cl/3>. Acesso em: 31 maio 2015.

BÍBLIA (Novo Testamento). Efésios. Português. **Bíblia Online**. Tradução de Almeida corrigida e revisada, fiel ao texto original. cap. 6, vers. 1-24. Disponível em: <https://www.bibliaonline.com.br/acf/ef/6>. Acesso em: 31 maio 2015.

____. Filipenses. Português. **Bíblia Online**. Tradução de Almeida corrigida e revisada, fiel ao texto original. cap. 2, vers. 1-30. Disponível em: <https://www.bibliaonline.com.br/acf/fp/2>. Acesso em: 31 maio 2015.

____. Gálatas. Português. **Bíblia Online**. Tradução de Almeida corrigida e revisada, fiel ao texto original. cap. 6, vers. 1-18. Disponível em: <https://www.bibliaonline.com.br/acf/gl/6>. Acesso em: 31 maio 2015.

____. João. Português. **Bíblia Online**. Tradução de Almeida corrigida e revisada, fiel ao texto original. cap. 10, vers. 10. Disponível em: <https://www.bibliaonline.com.br/acf/jo/10>. Acesso em: 31 maio 2015.

____. Lucas. Português. **Bíblia Online**. Tradução de Almeida corrigida e revisada, fiel ao texto original. cap. 6, vers. 1-49. Disponível em: <https://www.bibliaonline.com.br/acf/lc/6>. Acesso em: 31 maio 2015.

____. Lucas. Português. **Bíblia Online**. Tradução de Almeida corrigida e revisada, fiel ao texto original. cap. 9, vers. 1-62. Disponível em: <https://www.bibliaonline.com.br/acf/lc/9>. Acesso em: 31 maio 2015.

____. Lucas. Português. **Bíblia Online**. Tradução de Almeida corrigida e revisada, fiel ao texto original. cap. 10, vers. 1-42. Disponível em: <https://www.bibliaonline.com.br/acf/lc/10>. Acesso em: 31 maio 2015.

BÍBLIA (Novo Testamento). Marcos. Português. **Bíblia Online**. Tradução de Almeida corrigida e revisada, fiel ao texto original. cap. 10, vers. 1-52. Disponível em: <https://www.bibliaonline.com.br/acf/mc/10>. Acesso em: 31 maio 2015.

____. Marcos. Português. **Bíblia Online**. Tradução de Almeida corrigida e revisada, fiel ao texto original. cap. 16, vers. 1-20. Disponível em: <https://www.bibliaonline.com.br/acf/mc/16>. Acesso em: 31 maio 2015.

____. Mateus. Português. **Bíblia Online**. Tradução de Almeida corrigida e revisada, fiel ao texto original. cap. 5, vers. 1-48. Disponível em: <https://www.bibliaonline.com.br/acf/mt/5>. Acesso em: 31 maio 2015.

____. Mateus. Português. **Bíblia Online**. Tradução de Almeida corrigida e revisada, fiel ao texto original. cap. 23, vers. 1-39. Disponível em: <https://www.bibliaonline.com.br/acf/mt/23>. Acesso em: 31 maio 2015.

____. Mateus. Português. **Bíblia Online**. Tradução de Almeida corrigida e revisada, fiel ao texto original. cap. 25, vers. 1-46. Disponível em: <https://www.bibliaonline.com.br/acf/mt/25>. Acesso em: 31 maio 2015.

____. Romanos. Português. **Bíblia Online**. Tradução de Almeida corrigida e revisada, fiel ao texto original. cap. 2, vers. 1-29. Disponível em: <https://www.bibliaonline.com.br/acf/rm/2>. Acesso em: 31 maio 2015.

____. Romanos. Português. **Bíblia Online**. Tradução de Almeida corrigida e revisada, fiel ao texto original. cap. 7, vers. 1-25. Disponível em: <https://www.bibliaonline.com.br/acf/rm/7>. Acesso em: 31 maio 2015.

BÍBLIA (Novo Testamento). Romanos. Português. **Bíblia Online**. Tradução de Almeida corrigida e revisada, fiel ao texto original. cap. 10, vers. 1-21. Disponível em: <https://www.bibliaonline.com.br/acf/rm/10>. Acesso em: 31 maio 2015.

_____. Romanos. Português. **Bíblia Online**. Tradução de Almeida corrigida e revisada, fiel ao texto original. cap. 12, vers. 1-21. Disponível em: <https://www.bibliaonline.com.br/acf/rm/12>. Acesso em: 31 maio 2015.

_____. Romanos. Português. **Bíblia Online**. Tradução de Almeida corrigida e revisada, fiel ao texto original. cap. 13, vers. 1-14. Disponível em: <https://www.bibliaonline.com.br/acf/rm/13>. Acesso em: 31 maio 2015.

_____. Romanos. Português. **Bíblia Online**. Tradução de Almeida corrigida e revisada, fiel ao texto original. cap. 16, vers. 1-27. Disponível em: <https://www.bibliaonline.com.br/acf/rm/16>. Acesso em: 31 maio 2015.

_____. Tiago. Português. **Bíblia Online**. Tradução de Almeida corrigida e revisada, fiel ao texto original. cap. 2, vers. 1-26. Disponível em: <https://www.bibliaonline.com.br/acf/tg/2>. Acesso em: 31 maio 2015.

_____. Tiago. Português. **Bíblia Online**. Tradução de Almeida corrigida e revisada, fiel ao texto original. cap. 4, vers. 1-17. Disponível em: <https://www.bibliaonline.com.br/acf/tg/4>. Acesso em: 31 maio 2015.

_____. Tiago. Português. **Bíblia Online**. Tradução de Almeida corrigida e revisada, fiel ao texto original. cap. 5, vers. 1-20. Disponível em: <https://www.bibliaonline.com.br/acf/tg/5>. Acesso em: 31 maio 2015.

BÍBLIA (Velho Testamento). Eclesiastes. Português. **Bíblia Online**. Trad. Nova Versão Internacional. cap. 4, vers. 10. Disponível em: <https://www.bibliaonline.com.br/nvi/ec/4>. Acesso em: 24 jun. 2015.

BÍBLIA (Velho Testamento). Eclesiastes. Português. **Bíblia Online**. Tradução de Almeida corrigida e revisada, fiel ao texto original. cap. 9, vers. 1-18. Disponível em: <https://www.bibliaonline.com.br/acf/ec/9>. Acesso em: 31 maio 2015.

____. Isaías. Português. **Bíblia Online**. Tradução de Almeida corrigida e revisada, fiel ao texto original. cap. 61, vers. 1-11. Disponível em: <https://www.bibliaonline.com.br/acf/is/61>. Acesso em: 31 maio 2015.

____. Jó. Português. **Bíblia Online**. Tradução de Almeida corrigida e revisada, fiel ao texto original. cap. 1, vers. 9. Disponível em: <https://www.bibliaonline.com.br/acf/j%C3%B3/2>. Acesso em: 31 maio 2015.

____. Jó. Português. **Bíblia Online**. Tradução de Almeida corrigida e revisada, fiel ao texto original. cap. 2, vers. 1-13. Disponível em: <https://www.bibliaonline.com.br/acf/j%C3%B3/2>. Acesso em: 31 maio 2015.

____. Jó. Português. **Bíblia Online**. Tradução de Almeida corrigida e revisada, fiel ao texto original. cap. 15, vers. 1-35. Disponível em: <https://www.bibliaonline.com.br/acf/j%C3%B3/15>. Acesso em: 31 maio 2015.

____. Lamentações. Português. **Bíblia Online**. Tradução de Almeida corrigida e revisada, fiel ao texto original. cap. 3, vers. 1-66. Disponível em: <https://www.bibliaonline.com.br/acf/lm/3>. Acesso em: 31 maio 2015.

____. Neemias. Português. **Bíblia Online**. Trad. Nova Versão Internacional. cap. 2, vers. 2. Disponível em: <https://www.bibliaonline.com.br/nvi/ne/2>. Acesso em: 24 jun. 2015.

____. Provérbios. Português. **Bíblia Online**. Trad. Nova Versão Internacional. cap. 3, vers. 28. Disponível em: <https://www.bibliaonline.com.br/nvi/pv/3>. Acesso em: 24 jun. 2015.

BÍBLIA (Velho Testamento). Salmos. Português. **Bíblia Online**. Trad. Nova Versão Internacional. cap. 20, vers. 2. Disponível em: <https://www.bibliaonline.com.br/nvi/sl/20>. Acesso em: 24 jun. 2015.

BORNSCHEIN, F. **Visão bíblica da diaconia**. Curitiba: Irmandade das Irmãs Diaconisas Betânia, 2005. Disponível em: <http://antigo.renas.org.br/arquivos/File/Livros/livro_diaconia.pdf>. Acesso em: 12 maio 2015.

BRASIL. Lei n. 8.742, de 7 de dezembro de 1993. **Diário Oficial da União**, Poder Legislativo, Brasília, DF, 8 dez. 1993. Disponível em: <http://www.planalto.gov.br/CCIVIL_03/leis/L8742.htm>. Acesso em: 8 jul. 2015.

_____. Lei n. 9.982, de 14 de julho de 2000. **Diário Oficial da União**, Brasília, DF, Poder Legislativo, 17 jul. 2000. Disponível em: <http://www.planalto.gov.br/ccivil_03/Leis/L9982.htm>. Acesso em: 1º dez. 2015.

BRASIL. Ministério da Justiça. Secretaria Nacional de Políticas sobre Drogas. **Fé na Prevenção**. Disponível em: <http://www.fenaprevencao.senad.gov.br/>. Acesso em: 25 jun. 2015a.

BRASIL. Ministério da Saúde. Agência Nacional de Vigilância Sanitária. Resolução – RDC n. 29, de 30 de junho de 2011. **Diário Oficial da União**, Brasília, DF, 1. jul. 2011. Disponível em: <http://bvsms.saude.gov.br/bvs/saudelegis/anvisa/2011/res0029_30_06_2011.html>. Acesso em: 28 jun. 2015.

BRASIL. Ministério da Saúde. Gabinete do Ministro. Portaria n. 130, de 26 de janeiro de 2012. **Diário Oficial da União**, Poder Legislativo, Brasília, DF, 27 jan. 2012. Disponível em: <http://bvsms.saude.gov.br/bvs/saudelegis/gm/2012/prt0130_26_01_2012.html>. Acesso em: 12 maio 2015.

BRASIL. Ministério do Desenvolvimento Social e Combate à Fome. Secretaria Nacional de Assistência Social. **Política Nacional de Assistência Social – PNAS/2004**: Norma Operacional Básica – NOB/SUAS. Brasília, DF, nov. 2005. Disponível em: <http://www.mds.gov.br/webarquivos/publicacao/assistencia_social/Normativas/PNAS2004.pdf>. Acesso em: 12 maio 2015.

BRASIL. Secretaria de Estado de Desenvolvimento Humano e Social. **Assistência social**. Disponível em: <http://www.sedest.df.gov.br/publico-alvo/o-que-e-assitencia-social.html>. Acesso em: 12 maio 2015b.

CAFEBI – Capelania Federal Brasileira e Internacional. **Capelania hospitalar**. Disponível em: <http://cafebicapelania.blogspot.com.br/2009/10/capelania-hospitalar.html>. Acesso em: 25 jun. 2015.

CAMPOS, E. A. de. Contágio, doença e evitação em uma associação de ex-bebedores: o caso dos Alcoólicos Anônimos. **Revista de Antropologia**, São Paulo, v. 48, n. 1, 2005.

CISA – Centro de Informações sobre Saúde e Álcool. **Como falar sobre uso de álcool com seus filhos**. São Paulo, 2013. Disponível em: <http://cisa.org.br/upload/ComoFalarAlcoolFilhos.pdf>. Acesso em: 10 mar. 2015.

CLÍNICA ALAMEDAS. **Pesquisa nacional com famílias de dependentes químicos**. Disponível em: <http://www.clinicalamedas.com.br/noticias_descricao.php?id_tb_noticia=5>. Acesso em: 25 jun. 2015.

CONVENÇÃO BATISTA BRASILEIRA. **Missão da Igreja e responsabilidade social**. Rio de Janeiro: Juerp, 1988. (Conselho de Planejamento e Coordenação da CBB).

COSTA, T. C. M.; FERREIRA, M. D. M. Os sistemas de proteção social e suas influências na configuração da seguridade social e da assistência social no Brasil. **Revista FSA**, Teresina, v. 10, n. 3, art. 14, p. 228-253, jul./set. 2013.

DIEHL, A.; CORDEIRO, D. C.; LARANJEIRA, R. **Dependência química**: prevenção, tratamento e políticas públicas. Porto Alegre: Artmed, 2011.

DESENVOLVIMENTO. In: **Michaelis online**. Disponível em: <http://michaelis.uol.com.br/moderno/portugues/index.php?lingua=portugues-portugues&palavra=desenvolvimento>. Acesso em: 23 jun. 2015.

GOFFMAN, E. **Manicômios, prisões e conventos**. Tradução de Dante Moreira Leite. São Paulo: Perspectiva, 2001.

HOEPFNER, D. **Fundamentos bíblico-teológicos da capelania hospitalar**: uma contribuição para o cuidado integral da pessoa. Dissertação (Mestrado em Teologia) – Escola Superior de Teologia, São Leopoldo, 2008. Disponível em: <http://tede.est.edu.br/tede/tde_busca/arquivo.php?codArquivo=78>. Acesso em: 12 maio 2015.

IPMÉIER – Igreja Presbiteriana do Meier (IPMÉIER). **Evangelização e ação social**. Disponível em: <http://www.ipmeier.com.br/index.php?page=estudos.php&id=600>. Acesso em: 8 jul. 2015.

KILPP, N. **Espiritualidade e compromisso**: dez boas razões para orar, praticar a justiça, cuidar da criação, acolher o outro, compartilhar. São Leopoldo: Sinodal, 2008.

KÜBLER-ROSS, E. **Sobre a morte e o morrer**: o que os doentes terminais têm para ensinar a médicos, enfermeiras, religiosos e aos seus próprios parentes. Tradução de Paulo Menezes. São Paulo: M. Fontes, 1996.

MATOS, A. S. de. **A caminhada cristã na história**. Viçosa: Ultimato, 2005.

____. **Estudos sobre ação social cristã**. Disponível em: <http://www.mackenzie.br/7150.html>. Acesso em: 24 jun. 2015.

McKNIGHT, J. **Trabalho comunitário deve estimular capacidades, não deficiências**. Disponível em: <https://vaipedagogia.wordpress.com/2011/03/20/o-desenvolvimento-da-comunidade-baseado-em-ativos/>. Acesso em: 28 jun. 2015.

MOREIRA, F. G.; SILVEIRA, D. X.; ANDREOLI, S. B. Redução de danos e uso indevido de drogas no contexto da escola promotora de saúde. **Ciência e Saúde Coletiva**, Rio de Janeiro, v. 11, n. 3, p. 807-816, 2006.

NARDI, H. C.; RIGONI, R. Q. Mapeando programas de redução de danos da região metropolitana de Porto Alegre. **Cadernos de Saúde Pública**, v. 25, n. 2, p. 382-392, 2009.

NORDSTOKKE, K. Diaconia. In: SCHNEIDER-HARPPRECHT, C. (Org.). **Teologia prática no contexto da América Latina**. 2. ed. São Leopoldo: Sinodal; São Paulo: Aste, 2005.

____. **Diaconia**: fé em ação. São Leopoldo: Sinodal, 1995.

OBID – Observatório Brasileiro de Informações sobre Drogas. **Tratamento**: dependência química – definição. Disponível em: <http://www.obid.senad.gov.br/portais/OBID/index.php>. Acesso em: 12 maio 2015.

OLIVEIRA, C. T. F. de et al. **Gestão social**: aplicação em projetos comunitários. 2007. Disponível em: <http://www.aedb.br/seget/arquivos/artigos07/1068_SEGET_2007_final.pdf>. Acesso em: 25 jun. 2015.

OMS – Organização Mundial da Saúde. **Classificação Estatística Internacional de Doenças e Problemas Relacionados à Saúde (CID 10)**. 10. revisão. Disponível em: <http://www.medicinanet.com.br/cid10.htm>. Acesso em: 12 maio 2015.

OPBB – Ordem dos Pastores Batistas do Brasil. **Evangelização e ação social**: uma proposta de equilíbrio para a Igreja de Cristo cumprir sua missão integral. Disponível em: <http://www.opbbcarioca.com.br/index.php?option=com_content&view=article&id=66:-evangelizacao-e-acao-social uma-propo>. Acesso em: 24 jun. 2015.

PACHECO, A. L.; SCISLESKI, A. Vivências em uma comunidade terapêutica. **Revista Psicologia e Saúde**, v. 5, n. 2, p. 165-173, jul./dez. 2013.

PARANÁ. Secretaria da Saúde. Departamento de Vigilância Sanitária. Superintendência de Vigilância em Saúde. **Roteiro de inspeção – rede comunidades terapêuticas.** Disponível em: <http://www.saude.pr.gov.br/arquivos/File/ROTEIRODEINSPECAOCOMUNIDADESTERAPEUTICAS.pdf>. Acesso em: 25 jun. 2015.

PEDRINI, D. M.; ADAMS, T.; SILVA, V. R. da. (Org.). **Controle social de políticas públicas**: caminhos, descobertas e desafios. São Paulo: Paulus, 2007.

PIACENTINI, M. Uma nova abordagem de trabalho comunitário. **Jornal da Comunidade**, 23 jan. 2009. Disponível em: <http://www.jornaldacomunidade.jex.com.br/debate/uma+nova+abordagem+de+trabalho+comunitario>. Acesso em: 24 jun. 2015.

PORTAL BRASIL. **Centro de Atenção Psicossocial – CAPS Álcool e Drogas 24 Horas**. Disponível em: <http://www.brasil.gov.br/observatoriocrack/cuidado/centro-atencao-psicossocial.html>. Acesso em: 25 jun. 2015a.

_____. **Comunidades terapêuticas**. Disponível em: <http://www.brasil.gov.br/observatoriocrack/cuidado/comunidades-terapeuticas.html>. Acesso em: 28 jun. 2015b.

RAHM, H. **Espiritualidade no amor exigente**. São Paulo: Loyola, 2010.

_____. **O caminho da sobriedade**: a fazenda do Senhor Jesus e o amor-exigente. São Paulo: Loyola, 1996.

ROCHA, M. da. **Um grito de alforria**: adictos nunca mais! [S.l.: s.n.], 2011.

SANTANA, J. C. M. de. **Projeto de capelania escolar**: uma visão da razão, objetivos e propósitos da capelania no contexto da escola. 2. ed. [S.l.: s.n.], 2009. Disponível em: <http://pt.slideshare.net/ElianXamar/texto-do-projeto-de-capelania-escolar-2-edio-7483662>. Acesso em: 13 maio 2015.

SANTOS, J. B. **Redes sociais e fatores de risco e proteção para o envolvimento com drogas na adolescência**: abordagem no contexto da escola. 221 f. Dissertação (Mestrado em Psicologia Clínica) – Universidade de Brasília, Brasília, 2006.

SCHRÖDER, L. T. Quem se beneficia dos doze passos? Uma crítica ao discurso da autoajuda. **Cadernos do IL**, Porto Alegre, n. 44, p. 57-74, jun. 2012. Disponível em: <http://seer.ufrgs.br/index.php/cadernosdoil/article/view/27851/pdf_1>. Acesso em: 12 maio 2015.

SLUZKI, C. E. **A rede social na prática sistêmica**: alternativas terapêuticas. São Paulo: Casa do Psicólogo, 1997.

SOCIAL. In: **Michaelis online**. Disponível em: <http://michaelis.uol.com.br/moderno/portugues/index.php?lingua=portugues-portugues&palavra=social>. Acesso em: 24 jun. 2015.

TENÓRIO, F. G. (Coord.). **Administração de projetos comunitários**: uma abordagem prática. São Paulo: Loyola, 1995.

____. **Avaliação de projetos comunitários**: uma abordagem prática. 4. ed. São Paulo: Loyola, 2003.

TENÓRIO, F. G. et al. **Elaboração de projetos comunitários**: uma abordagem prática. Rio de Janeiro: FVG, 2008.

WARREN, R. **Uma Igreja com propósitos**. Tradução de Carlos de Oliveira. 2. ed. rev. e atual. São Paulo: Vida, 2008.

ZAMPIERI, M. A. J. **Padrão de codependência e prevalência de sintomas psicossomáticas**. Dissertação (Mestrado em Medicina) – Faculdade de Medicina de São José do Rio Preto, São José do Rio Preto, 2004.

ZANELATTO, N.; LARANJEIRA, R. (Org.). **O tratamento da dependência química e as terapias cognitivo-comportamentais**: um guia para terapeutas. Porto Alegre: Artmed, 2013.

anexo

Dependente químico: um ser humano
Dentro de um programa de recuperação terapêutico-educativo, é importante considerarmos alguns aspectos gerais sobre a concepção do ser humano "dependente químico":

- Acima de tudo é um ser capaz de entender, querer e decidir, mesmo considerando o abismo em que se encontra, mas com um problema a mais. Este problema se manifesta por meio do sintoma da dependência química, mascarando, em vários níveis, a perda de autonomia e liberdade pessoal para fazer projetos, escolhas e tomar decisões.
- Mesmo com a doença manifestada, conserva todas as capacidades e possibilidades de resgatar a autonomia individual, a capacidade de escolher e decidir.
- Conserva a capacidade e possibilidade de transformar a sua problemática humana em um projeto: tem a possibilidade de projetar inicialmente, e viver, depois, uma existência repleta

de significados e valores. Pode, a qualquer momento, valorizar a si mesmo se descobrir o significado da sua história pessoal.
- É um ser humano confuso e ferido: está fazendo mal a si mesmo e, neste momento, é incapaz de se defender. Por isso necessita de uma ajuda externa que o acompanhe em uma nova direção e o sustente com amor e profissionalismo.
- É um ser humano sozinho, fisicamente separado dos outros, emocionalmente fechado, socialmente marginalizado que, porém, não perdeu a criatividade, a necessidade de "pertencer", de fazer amizades e ter amor.
- Um ser humano capaz de confrontar, estimar, respeitar, perdoar, de mostrar qualidades e de ter consciência. É um protagonista, digo, comunicativo e dinâmico que expressa. Muda, cresce. Desenvolve-se partindo de si mesmo em direção aos outros.
- Um ser humano feito para viver em grupo expressando sentimentos, fatos, acontecimentos para resgatar valores comuns e reduzir as tensões sociais.
- Um ser humano único e personalizado na sua dimensão familiar e social. Único porque é um ser vivo: valor máximo e transcendente a qualquer ouro em sua história, que pode ser sujeito e jamais objeto, objetivo e fim jamais, instrumento e meio para conseguir algo.
- Concluindo: é uma pessoa capaz de renascer e projetar a própria vida em direção à autonomia e à liberdade, por meio de um relacionamento intenso, da sua criatividade, de novas relações familiares, de sua presença ativa e dinâmica no seu grupo social.

Fonte: OBID – Observatório Brasileiro de Informações sobre Drogas. **Tratamento**: modelos – comunidade terapêutica. Disponível em: <http://www.obid.senad.gov.br/portais/OBID/index.php>. Acesso em: 12 maio 2015.

respostas

Capítulo 1

1. O princípio que subsidia a ação social da Igreja é fazer aos irmãos como se fizéssemos a Deus, conforme elucida o texto bíblico reproduzido na questão. Possíveis projetos que visam a suprir as necessidade materiais e aliviar o sofrimento humano: visita a enfermos, capelania, atendimento em comunidade terapêutica, doação de cestas básicas, atendimento a mães adolescentes e solteiras, atendimento a pessoas idosas.

2. Recursos municipais, estaduais e federais são constantemente previstos para ações sociais, muitas vezes desperdiçados ou mal aplicados. À Igreja cabe participar do planejamento e delimitar, na medida do possível e junto com o Estado (em todas as instâncias), a melhor utilização desses recursos, apresentando estudos das comunidades em que se situa com conhecimento de causas e projetos que sejam um diferencial para os que necessitam deles.

Capítulo 2

1. Resposta pessoal. Pode-se enfocar um aspecto do exemplo de Jesus, com relação às motivações para fazermos o bem.
2. Jesus é o modelo de diaconia; vivendo em meio às mais diferentes pessoas e experiências, seu olhar de amor e misericórdia recuperou muitas vidas. A Igreja recebe pessoas com pensamentos e atitudes muito diferentes, mas os diáconos devem recebê-las e atendê-las como Jesus atenderia.

Capítulo 3

1. Resposta pessoal. É preciso buscar o sentido etimológico das palavras e seus sinônimos ou mesmo refletir sobre situações cotidianas que permitam contextualizar a aplicação dos termos aos diáconos.
2. Resposta pessoal. É necessário proceder a uma análise dos textos bíblicos apresentados, focando as palavras diretamente ligadas ao exercício da diaconia.
3. Resposta pessoal.

Capítulo 4

1. A prática de algumas igrejas tem um enfoque exclusivamente espiritual. É preciso observar o perigo dessa prática, uma vez que o homem é um ser bio-psíquico-emocional-espiritual.
2. Resposta pessoal. Provocar a reflexão sobre o fato de que os problemas da vida humana têm pontos em comum e de que é preciso empreender ações concretas para assistir o próximo, baseadas em um profundo conhecimento de onde se pretende atuar, não apenas em dados empíricos.
3. Resposta pessoal. É necessário pesquisar dados reais, pois a atividade proposta na Capítulo 5 depende desse levantamento.

Capítulo 5

1. Devemos fazer o melhor que pudermos desde a elaboração dos projetos, com seriedade, cuidando dos detalhes referentes ao conhecimento da realidade local, realizando levantamentos precisos, inserindo-se na comunidade e percebendo situações reais para propor ações eficazes.
2. Sim. Por meio do levantamento dos principais problemas e de propostas de projetos para sanar as dificuldades.
3. Resposta pessoal. É preciso analisar os dados coletados com a realização da atividade do Capítulo 4 e propor um projeto de ação social para a comunidade eleita, utilizando-se o esboço sugerido. É possível consultar item a item o quadro apresentado no capítulo.
4. Resposta pessoal. É necessário complementar as anotações com o que foi compartilhado pelo grupo e atentar para novas ideias com relação aos projetos apresentados.

Capítulo 6

1. Resposta pessoal.
2. Resposta pessoal. Com base no texto do capítulo, pode-se incluir um relato escrito de alguma experiência pessoal e a atuação da capelania no hospital.
3. Deve-se listar as principais qualidades do capelão para a eficácia do projeto de capelania hospitalar, segundo o proposto no capítulo.
4. Resposta pessoal. Durante a pesquisa em instituições educacionais, possivelmente não serão encontrados muitos projetos de capelania, o que pode servir de reflexão sobre os motivos da baixa existência de um tipo de projeto que pode apoiar os estudantes em todos os níveis de ensino.
5. Resposta pessoal. É preciso realizar o levantamento da realidade da capelania (institucional e outras). Trata-se de uma oportunidade

para refletir sobre a importância dessa prática e verificar se existem muitos ou poucos projetos de capelania na região.

Capítulo 7

1. Vários aspectos, mas principalmente a complexidade da doença, que não pode ser reduzida apenas a definições espirituais.
2. Resposta pessoal. É preciso destacar principalmente a compreensão de que o internamento involuntário e/ou compulsório pode ser eficaz no combate à doença.
3. Resposta pessoal. É necessário refletir sobre a seriedade da codependência da família no tratamento da dependência química.
4. Principalmente para não "espiritualizar" todos os comportamentos inadequados dos indivíduos, de modo que passa proporcionar informações precisas à família e à comunidade sobre a complexa lista dos transtornos como forma de ação de prevenção e/ou terapêutica.
5. Resposta pessoal. Caso se pesquise no texto do capítulo, pode-se apresentar a seguinte definição: "conjunto de seres com quem interagimos de maneira regular, com quem conversamos, com quem trocamos sinais que nos corporizam, que nos tornam reais".
6. Não há uma regra única para todas as situações, pois o tratamento da dependência química tem a digital do adicto, mas é preciso observar e levantar os seguintes aspectos:
    - uso ou abuso há mais de nove meses;
    - alteração significativa de comportamento, colocando a família em risco;
    - aumento de uso, com o tempo;
    - perdas significativas: reprovação na escola, roubos, mentiras, desrespeito com autoridades em episódios recorrentes.
7. Resposta pessoal.

sobre a autora

Lucineyde Amaral Picelli Pezzini é graduada em Pedagogia pela Faculdade Estadual de Filosofia Ciências e Letras de Jacarezinho – Fafija (1989), especializada em Psicopedagogia pela Universidade Paranaense – Unipar (1994) e Recursos Humanos para Alfabetização pela Faculdade de Educação, Ciência e Letras de Paranavaí – Fafipa (1994); é também especialista em Psicomotricidade Relacional pelo Centro Internacional de Análise Relacional de Curitiba, e mestre em Psicologia pela Pontifícia Universidade Católica do Rio Grande do Sul – PUC-RS (2002). Atua como professora de pós-graduação e tem experiência na Coordenação Regional do Sistema de Ensino Aprende Brasil pela Editora Positivo. Seus estudos se concentram na área de pedagogia – gestão escolar, psicologia, com ênfase em relações interpessoais, atuando principalmente nos seguintes temas: brincadeira infantil, dinâmica das relações familiares, psicopedagogia, psicomotricidade relacional e temas afins. Tem experiência autodidata em teologia.

Os papéis utilizados neste livro, certificados por instituições ambientais competentes, são recicláveis, provenientes de fontes renováveis e, portanto, um meio **respons**ável e natural de informação e conhecimento.

Impressão: Reproset
Novembro/2021